W0272480

Le petit mercure

Collection créée par Colline Faure-Poirée
Suivi éditorial par Jean-Michel Décimo

Le goût des jardins

Textes choisis et présentés
par Jacques Barozzi

Mercure de France

© Mercure de France, 2006, pour l'introduction,
les présentations et les commentaires.

ISBN : 2-7152-2623-3

SOMMAIRE

JARDINS IMAGINAIRES

JARDINS PRIVÉS

JARDINS PUBLICS

INTRODUCTION

« Enfin, les plantes dont est planté le jardin
De l'éternel Jardinier, je les aime,
À raison des vertus dont Il les a dotées. »

DANTE
La Divine Comédie

« JARDINS ANGLAIS. – Plus naturels que les jardins à la française. »

GUSTAVE FLAUBERT
Dictionnaire des idées reçues

« On nous dit que nos rois dépensaient sans compter, qu'ils prenaient notre argent sans prendre nos conseils, mais lorsqu'ils construisaient de semblables merveilles ne nous mettaient-ils pas notre argent de côté ? »

SACHA GUITRY
Si Versailles m'était conté

Je n'ai jamais eu de jardin. D'où me vient alors ce végétal désir qui, enfant déjà me faisait éprouver quelque jalousie à l'encontre des parents et amis qui avaient le doux privilège d'habiter des villas ? Élevé en appartement, avec balcons, à la périphérie de Cannes (Alpes-Maritimes), je rêvais souvent de parcs luxuriants, réservés à mon seul usage ! Nostalgie du temps où mes ancêtres provençalo-italiens étaient propriétaires terriens ? Résidu tenace d'une culture judéo-chrétienne, qui nous enjoint à tous de gagner notre place au Paradis (du grec *paradeisos*, jardin), sous menace de goûter, pour l'éternité, aux tourments de l'Enfer ?

À défaut de disposer personnellement d'un jardin, j'ai longtemps lorgné avec envie ceux des autres, n'hésitant pas à y pénétrer parfois, sans même y être invité ! Par chance, dans mon enfance, on trouvait encore de nombreuses propriétés à l'abandon, dans ce quartier, si joliment dénommé, du château des Broussailles, où nous avions notre modeste demeure. Enjeux généralement d'héritages en indivision, celles-ci m'offrirent les plus beaux terrains d'exploration qui se puissent rêver, avant de finir, toutes, entre les mains des promoteurs immobiliers. J'y découvris d'augustes cyprès, des alignements d'eucalyptus, des bosquets de mimosas, des bouquets géants de pins parasols et de pins d'Alep… Là, mes incursions étaient autant d'invitations aux voyages, exotiques et odoriférants, où j'embarquais le cœur palpitant, à la recherche de sensations inédites, jouissant, alors, d'un avant-goût, un peu effrayant, de liberté !

Plus au nord de chez moi, sur la route de Grasse, des champs de cultures, où alternaient vergers et oliveraies, me permirent de m'adonner aux plaisirs prohibés de la maraude. Comment résister ? Il me semblait que les cerises, les jujubes, les pêches, les abricots, les figues, les raisins, les fèves et les tomates, tout comme les mûres sauvages, ne demandaient qu'à être mangés !

Mais j'aimais aussi les beaux jardins sages et ordonnés. Quand le temps le permettait, c'est-à-dire presque toute l'année, ma mère nous menait, mon frère aîné et moi, après la sieste, en promenade dans les jardins du casino municipal, sur la Croisette. En témoigne la multitude de photos que j'ai conservées de cette époque, où l'on me voit, toujours souriant, tel le ravi de la crèche, d'abord dans mon berceau à l'ombre d'un palmier, ensuite batifolant en barboteuse sur les pelouses ornées de parterres fleuris, plus tard au volant d'une voiture à pédales ou à califourchon sur un vélo à quatre roues.

Une telle fréquentation, quasi quotidienne, du jardin public, dès les premiers âges, ne pouvait rester sans effets...

Au début des années 80, m'étant établi dans la capitale comme jeune journaliste *free lance*, je fus engagé, par le plus grand des hasards (mais le hasard n'est-il pas un destin que l'on suscite ?), par la Direction des Parcs et Jardins de la mairie de Paris, pour rédiger les textes des affiches historiques que l'on peut toujours lire dans les principaux espaces verts de la ville. Embauché pour une mission temporaire de quelques mois, je devais me débrouiller pour y rester une vingtaine d'années ! Il y avait tant à dire et à observer ! Période heureuse de ma vie professionnelle où j'étais payé pour me balader à travers les 430 bois, parcs, promenades, squares, jardins et... cimetières de Paris. Car les cimetières sont aussi des jardins, et pas seulement pour les morts. Sait-on qu'avec plus de 44 hectares et 5 000 arbres, le Père-Lachaise, loin devant les Tuileries (28 ha) ou le Luxembourg (22,5 ha), est le plus grand espace clos végétalisé de la capitale[1] ?

1. Pour plus de précisions sur ce sujet, on pourra se reporter à mes deux précédents ouvrages : le *Guide des cimetières parisiens*, 1990, et le *Guide des 400 jardins publics de Paris*, 1992.

Cette inclination devenant par trop envahissante et n'ayant pas le désir de me fonctionnariser, j'ai repris depuis peu ma liberté afin d'explorer plus à fond mes autres centres d'intérêt culturels et, surtout, littéraires. Cependant je ne manque jamais, où que je sois, de pousser la grille d'un jardin, privé ou public, ou de pénétrer à l'intérieur d'un cimetière. Pour mon seul plaisir. Plaisir, ainsi que j'ai pu le constater *de visu* et sur le terrain, de plus en plus partagé, notamment en milieu urbain.

Mais d'où nous vient alors cette envie de jardins ?

Assurément, plus ou moins consciemment, de notre enfance et de celle de l'humanité. Car rien de moins naturel qu'un jardin, extériorisation d'un besoin ancré au plus profond de l'homme, manifestation de son désir de léguer à la postérité la trace de sa création du monde ?

Voyons ce qu'en disent les prophètes, poètes, romanciers et autres écrivains de tous les temps et de toutes les nationalités. À défaut d'obtenir toutes les réponses à nos interrogations, nous y raviverons, à coup sûr, notre goût des jardins !

Jacques BAROZZI

JARDINS IMAGINAIRES

LA GENÈSE

Au commencement était le ver... ger

Premier des cinq livres du Pentateuque *(*La Loi, *pour les juifs), qui constitue le noyau de la littérature biblique, la* Genèse, *longtemps attribuée à Moïse, vers 1200 avant Jésus-Christ, a probablement été rédigée postérieurement par trois auteurs successifs : Dieu y est d'abord nommé Elohim, puis Iahvé Elohim et enfin Iahvé. Chacune de ces appellations correspondant à l'un des trois cycles de narration, de styles différents, qui composent les cinquante chapitres du livre. Livre du commencement du monde, la* Genèse, *dont on ne possède pas les textes originaux, daterait, d'après les événements historiques qui y sont relatés, du* VI*e siècle avant J.-C., et s'inspirerait de textes légendaires sumériens, largement antérieurs. Après que Dieu a créé, en six jours, les cieux et la terre, et qu'il s'est reposé le septième jour, il s'est attaqué sans plus tarder au jardin d'Éden ou Paradis terrestre...*

CHAPITRE II

[...] Au jour où Iahvé Elohim fit la terre et les cieux, il n'y avait encore sur la terre aucun buisson des champs et aucune herbe des champs n'avait encore germé, car Iahvé Elohim n'avait pas fait pleuvoir sur la terre et il n'y avait pas d'homme pour cultiver le sol. Mais un flot montait de la terre et arrosait toute la surface du sol.

Alors Iahvé Elohim forma l'homme, poussière provenant du sol, et insuffla en ses narines une haleine de vie et l'homme devint âme vivante. Iahvé Elohim planta un jardin en Éden, à l'Orient, et il y plaça l'homme qu'il avait formé. Iahvé Elohim fit germer du sol tout arbre agréable à voir et bon à manger, ainsi que l'arbre de vie au milieu du jardin et l'arbre de la science du bien et du mal.

Un fleuve sortait d'Éden pour arroser le jardin et de là se divisait pour former quatre têtes. Nom du premier fleuve : Pishon. C'est lui qui contourne tout le pays de Hawilah où se trouve l'or, et l'or de ce pays est bon. Là se trouve le bdellium et la pierre d'onyx. Nom du deuxième fleuve : Gihon. C'est lui qui contourne tout le pays de Coush. Nom du troisième fleuve : Tigre. C'est lui qui coule à l'orient d'Assur. Le quatrième fleuve, c'est l'Euphrate.

Iahvé Elohim prit l'homme et l'installa dans le jardin d'Éden pour le cultiver et pour le garder. Puis Iahvé Elohim donna un ordre à l'homme, en disant : « de tout arbre du jardin tu pourras manger, mais de l'arbre de la science du bien et du mal tu n'en mangeras pas, car du jour où tu en mangerais, tu mourrais. »

Iahvé Elohim dit : « Il n'est pas bon que l'homme soit seul : je veux lui faire une aide qui soit semblable à lui. » Alors Iahvé Elohim forma du sol tout animal des champs et tout oiseau des cieux, il les amena vers l'homme pour voir comment il les appellerait et pour que tout animal vivant ait pour nom celui dont l'homme l'appellerait. L'homme appela donc de leurs noms tous les bestiaux, les oiseaux des cieux, tous les animaux des champs. Mais pour l'homme on ne trouva pas une aide qui fût semblable à lui. Alors Iahvé Elohim fit tomber une torpeur sur l'homme et celui-ci s'endormit. Il prit une de ses côtes et enferma de la chair à sa place. Iahvé Elohim bâtit en femme la côte qu'il avait prise de l'homme. Il l'amena vers l'homme et l'homme dit : « Cette fois, celle-ci est l'os de mes os et la chair de ma chair. Celle-ci, on l'appellera Femme parce que d'un homme celle-ci a été prise. C'est pourquoi l'homme laissera père et mère, s'attachera à sa femme et ils deviendront une seule chair. »

Or tous deux étaient nus, l'homme et sa femme, et ils n'en avaient point honte.

CHAPITRE III

Or le serpent était le plus rusé de tous les animaux des champs qu'avait faits Iahvé Elohim. Il dit à la femme : « Est-ce que vraiment Elohim a dit : Vous ne mangerez d'aucun arbre du jardin ? » La femme dit au serpent : « Du fruit des arbres du jardin nous pouvons manger, mais du fruit de l'arbre qui est au milieu du jardin Elohim a dit : « vous n'en mangerez pas et n'y toucherez pas, de peur que vous ne mouriez. » Le serpent dit à la femme : « Vous n'en mourrez pas, mais Elohim sait que, le jour où vous en mangerez, vos yeux se dessilleront et vous serez comme des dieux, sachant le bien et le mal. » La femme vit que l'arbre était bon à manger et qu'il était agréable aux yeux et que l'arbre était plaisant à contempler. Elle prit de son fruit et en mangea, elle en donna aussi à son mari qui était avec elle et en mangea. Alors se dessillèrent leurs yeux, à tous deux, et ils surent qu'ils étaient nus. Ils cousirent donc des feuilles de figuier et se firent des ceintures.

Ils entendirent la voix de Iahvé Elohim qui se promenait dans le jardin, au souffle du jour, et ils se cachèrent, l'homme et sa femme, de devant Iahvé Elohim, au milieu des arbres du jardin. Iahvé Elohim appela l'homme et lui dit : « Où es-tu ? » Il dit : « J'ai entendu ta voix dans le jardin et j'ai eu peur, parce que je suis nu, et je me suis caché. » Il dit : « Qui t'a révélé que tu étais nu ? Est-ce que tu as mangé de l'arbre dont je t'avais ordonné de ne pas manger ? » L'homme dit : « La femme que tu as mise auprès de moi, c'est elle qui m'a donné de l'arbre et j'ai mangé. » Iahvé Elohim dit à la femme : « Qu'est-ce que tu as fait ? » La femme dit : « Le serpent m'a dupée et j'ai mangé. »

Iahvé Elohim dit au serpent : « Puisque tu as fait cela, maudit sois-tu entre tous les bestiaux et entre tous les animaux des champs ! Sur ton ventre tu marcheras et tu mangeras de la poussière tous les jours de ta vie ! J'établirai une inimitié entre toi et la femme, entre ta race et sa race : celle-ci t'écrasera la tête et, toi, tu la viseras au talon. » À la femme il dit : « Je vais multiplier tes souffrances et tes grossesses : c'est dans la souffrance que tu enfanteras des fils. Ton élan sera vers ton mari et, lui, il te dominera. » À l'homme il dit : « Parce que tu as écouté la voix de ta femme et que tu as mangé de l'arbre au sujet duquel je t'avais donné un ordre, en disant : Tu n'en mangeras pas ! Maudit soit le sol à cause de toi ! C'est dans la souffrance que tu te nourriras de lui tous les jours de ta vie. Il fera germer pour toi épine et ronce et tu mangeras l'herbe des champs. À la sueur de ton visage tu mangeras du pain jusqu'à ton retour au sol, puisque c'est de lui que tu as été pris, car tu es poussière et tu retourneras en poussière. »

L'homme appela sa femme du nom d'Ève, parce qu'elle fut mère de tout vivant. Iahvé Elohim fit pour l'homme et sa femme des tuniques de peau et les en revêtit.

Alors Iahvé Elohim dit : « Voici que l'homme est devenu comme l'un de nous, grâce à la science du bien et du mal ! Maintenant il faut éviter qu'il étende sa main, prenne aussi de l'arbre de vie, en mange et vive à jamais. » Iahvé Elohim le renvoya donc du jardin d'Éden pour qu'il cultivât le sol d'où il avait été pris. Il chassa l'homme et il installa à l'orient du jardin d'Éden les Chérubins et la flamme tournoyante de l'épée pour garder la route de l'arbre de vie.

Genèse,
traduction d'Édouard Dhorme,
in *La Bible : Ancien Testament*,
Bibliothèque de la Pléiade, vol. I
© Éditions Gallimard, 1959

Au-delà de toute exégèse religieuse et sans recourir nécessairement au pathos psychanalytique œdipien, on peut considérer ce texte sous l'angle de la pure parabole et oser une interprétation plus prosaïque. Même si, forts des précisions géographiques et géologiques mentionnées, les archéologues ont cru parvenir à localiser précisément le site de l'antique jardin d'Éden, on peut supposer que ce lieu, hautement symbolique, n'a probablement jamais existé ailleurs que dans la tête du poète prophète. Ne matérialise-t-il pas, plutôt, le séjour de la première enfance, dans la maison du père, ou de l'autorité de tutelle, aux temps, innocents, où le petit garçon ou la petite fille ne savent pas encore qu'ils sont mortels ? Quand leur nudité ne leur fait pas encore problème. Que viennent la raison, la conscience et la connaissance et ils seront définitivement chassés de cet Éden idyllique et protecteur, où tout leur était donné. On notera, qu'à l'origine, il n'était pas encore question de pomme, son apparition ressortit de la symbolique chrétienne, et on est navré d'apprendre que depuis son rôle néfaste dans l'affaire du péché originel le serpent est obligé de ramper !

HOMÈRE

Retour au jardin du père

*Après bien des hypothèses, on s'accorde désormais à reconnaître l'existence d'Homère et à lui attribuer la pleine paternité de l'*Iliade *et de l'*Odyssée, *que l'on date du* IXe *siècle avant J.-C. Aveugle, il vivait dans un port ionien d'Asie Mineure, vraisemblablement à Milet. Le premier de ses textes est un poème épique qui chante un épisode de la guerre de Troie – qui avait eu lieu trois siècles plus tôt –, tandis que le second, poème de la mer, du voyage et de l'initiation, est consacré exclusivement à Ulysse, déjà évoqué dans l'*Iliade. *Au cours de son long périple, qui le retint éloigné une vingtaine d'années de sa patrie et de sa famille, le héros de l'*Odyssée *traversa trois jardins : celui de la nymphe Calypso, celui du roi Alcinoos et, finalement, celui, originel, de Laërte, à Ithaque, lieu des retrouvailles entre le père et le fils, par lequel s'achève le poème.*

CHANT V

[…] Mais, quand il eut atteint l'île lointaine, il sortit de la mer violette, et sur la terre, il allait, jusqu'à ce qu'il eût gagné la grotte spacieuse, où habitait la nymphe aux belles boucles. Il la trouva chez elle. Un grand feu flambait sur le foyer ; au loin, se répandait l'odeur du cèdre et du thuya facile à fendre, qui, en brûlant, embaumaient l'île entière. À l'intérieur, la nymphe chantait de sa belle voix, et tissait, faisant courir sur le métier sa navette d'or. Un bois luxuriant avait poussé tout autour de la grotte : aune, peuplier noir, odorant cyprès ; et sous les branches nichaient des oiseaux de large envergure, chouettes, faucons, tapageuses corneilles marines qui besognent sur la mer. Aux parois de la grotte, une vigne déployait ses rameaux vivaces, d'où les grappes pendaient en abondance. Quatre fontaines versaient une eau claire ; elles étaient voisines et dirigées en sens divers. Tout autour, de molles prairies de violettes et de persil étaient en fleur. […]

CHANT VII

[…] Hors de la cour et près de la porte est un grand verger de quatre arpents ; une enceinte l'enclôt en long et en large. Là poussent de grands arbres florissants, poiriers, grenadiers, pommiers aux fruits éclatants, figuiers domestiques et luxuriants oliviers. Jamais leurs fruits ne meurent ni ne manquent, hiver ni été ; ils donnent toute l'année. Toujours le souffle du zéphyr fait pousser les uns, mûrir les autres ; sans répit mûrissent la poire après la poire, la pomme après la pomme, le raisin après le raisin, la figue après la figue. Plus loin est planté le fertile vignoble ; dans une pièce chaude, en terrain plat, le raisin sèche au soleil ; dans l'autre, des vendangeurs cueillent le raisin et d'autres le foulent. En avant, des ceps dont les uns perdent leurs fleurs, tandis que sur les autres les grappes commencent à rougir. Plus loin, contre leur dernier rang, des plates-bandes portent des légumes variés, verts toute l'année. Dans le potager coulent deux sources : l'une s'épand dans tout le jardin; l'autre envoie ses eaux sous le seuil de la cour vers la haute maison; c'est là que les gens de la ville viennent chercher l'eau. Tels étaient les dons magnifiques des dieux dans le manoir d'Alcinoos. [...]

CHANT XXIV

[...] Le cœur d'Ulysse se serra : un âcre picotement irrita ses narines, à la vue de son père bien-aimé. Il s'élança, le prit dans ses bras, baisa son front et dit : « Je suis celui-là même sur qui tu m'interroges, et j'arrive après vingt ans d'absence en la terre patrie ! Mais cesse maintenant de sangloter, de gémir, de pleurer. Car, je vais te dire – et il ne faut plus perdre un instant – j'ai tué les prétendants dans notre maison; je me suis vengé d'outrages cruels à mon cœur; j'ai puni leurs crimes. »

Laërte alors prit la parole et dit :

« Si tu es bien Ulysse, mon fils, revenu à Ithaque, donne-moi une preuve évidente : je veux être bien sûr. »

Ulysse l'avisé lui répondit :

« Tout d'abord, regarde de tes yeux la cicatrice que voici de la blessure que sur le Parnèse me fit la blanche défense d'un sanglier : j'y étais allé, envoyé par toi et ma mère vénérable, chez Autolycos, mon aïeul maternel, pour y recevoir des présents que, lors d'un voyage ici, il m'avait promis formellement. Mais allons, que je te dise encore les arbres que dans ce verger bien planté tu me donnas jadis : j'étais tout petit et, te suivant dans le jardin, je te demandais celui-ci, celui-là. Nous allions de l'un à l'autre : chemin faisant, tu me les nommas tour à tour et me parlas de chacun d'eux. Tu me donnas treize poiriers, dix pommiers, quarante figuiers : tu me désignas cinquante rangs de vignes que tu promis de me donner : chacun d'eux était de bon rapport et riche en grappes de toutes sortes, quand du haut du ciel les saisons de Zeus les avaient vivifiés. »

Il dit ; sur le lieu Laërte sentit fléchir ses genoux et son cœur : il reconnaissait, à n'en point douter, la vérité des signes que lui donnait Ulysse. Au cou de son fils il jeta ses deux bras : le noble Ulysse, modèle d'endurance, soutint sur sa poitrine le vieillard défaillant.

Odyssée,
traduction de Médéric Dufour et Jeanne Raison
© Éditions Flammarion, G.F., 1965

Plus cléments que Dieu, les demi-dieux de la Grèce antique offraient la possibilité aux humains, certes après bien des épreuves et à proportion de leur vertu, de retrouver, de leur vivant, le paradis perdu ! C'est dans l'entretien du jardin familial, lieu du bonheur par excellence, que s'est réfugié Laërte, durant l'absence d'Ulysse. Les jardins homériques mettent particulièrement l'accent sur leur côté utilitaire de verger-potager : les arbres y sont florissants et les fruits et légumes abondants et sans cesse renouvelés. Pour être nourricier, le jardin méditerranéen n'en est pas moins un jardin d'agrément. La végétation y est luxuriante, les fleurs variées et les essences enivrantes. Chaque fois qu'il les découvre, Ulysse, d'ailleurs, ne manque jamais de les contempler et d'en humer les subtiles odeurs. Pour la symbolique, on notera que c'est grâce aux arbres, que son père lui a appris à nommer et qu'il lui a donnés, que la preuve de leur filiation est établie !

VIRGILE

Tous les jardins du monde ne valent pas le paradis latin !

Pour assurer la pax romana, *la République romaine avait besoin de sédentariser les populations soumises et de les nourrir ! Les chants guerriers cédèrent la place aux traités d'agriculture. S'inspirant de la tradition grecque transmise par Hésiode et Théocrite, Virgile (70 à 19 avant J.-C.), d'extraction modeste, et bénéficiant de l'appui de puissants protecteurs, dont le célèbre Mécène, va alors rédiger les* Bucoliques, *d'inspiration plus pastorales, puis les* Géorgiques, *mot grec qui se traduit par « l'art de la culture de la terre ». Textes didactiques de circonstance, autant écrits pour être lus que dits, et, heureusement, transcendés par le génie du poète !*

De l'aurore au couchant parcourons l'univers.
Les différents climats ont des arbres divers :
Chez l'Arabe l'encens embaume au loin la plaine ;
Sur les rives du Gange on voit noircir l'ébène.
Là d'un tendre duvet les arbres sont blanchis,
Ici d'un fil doré les bois sont enrichis ;
Le Nil du vert acanthe admire les feuillages ;
Le baume, heureux Jourdain, parfume tes rivages ;
Et l'Inde au bord des mers voit monter ses forêts
Plus haut que ses archers ne font voler leurs traits.
Vois les arbres du Mède *(le citronnier)* et son orange amère,

Qui, lorsque la marâtre aux fils d'une autre mère
Verse le noir poison d'un breuvage enchanté,
Dans leur corps expirant rappelle la santé.
L'arbre égale en beauté celui que Phébus aime ;
S'il en avait l'odeur, c'est le laurier lui-même.
Sa feuille sans effort ne se peut arracher ;
Sa fleur résiste au doigt qui la veut détacher,
Et son suc, du vieillard qui respire avec peine,
Raffermit les poumons et parfume l'haleine.
Mais l'Inde et ses forêts, et leur riche trésor,
Et le Gange, et l'Hermus *(fleuve d'Asie Mineure)* qui roule un limon d'or,
Et les riches parfums que l'Arabie exhale,
À l'antique Ausonie *(l'Italie)* ont-ils rien qui s'égale ?
[...]
Le blé pare nos champs, le raisin nos coteaux,
J'y vois mûrir l'olive, et bondir nos troupeaux.
Ici l'ardent coursier s'échappe au loin sur l'herbe ;
Là paissent la génisse et le taureau superbe,
Qui, baignés d'une eau pure, et couronnés de fleurs,
Conduisent aux autels nos fiers triomphateurs.
Deux fois nos fruits sont mûrs, deux fois nos brebis pleines ;
Même au sein des hivers, l'été luit dans nos plaines :
Mais ce sol ne nourrit ni le tigre inhumain,
Ni le poison qui trompe une imprudente main.
Nul lion n'y rugit, et jamais sur l'arène
Une hydre épouvantable à longs plis ne s'y traîne :
Partout sont de beaux champs qu'éclairent de beaux cieux,
Où la nature est riche, et l'art industrieux.
Vois ces forts suspendus sur ces rochers sauvages,

Ces fleuves dont nos murs couronnent les rivages :
La mer de deux côtés nous présente son sein;
Vingt lacs autour de nous ont creusé leur bassin.
Ici le Lare *(lac de Côme)* étend son enceinte profonde;
Là, tel qu'un océan, le Bénac *(lac de Garde)* s'enfle et gronde.
Peindrai-je ces beaux ports, ce hardi monument
Qui maîtrise l'orgueil d'un fougueux élément;
Et, dans les lacs voisins lui laissant un passage,
Présente à nos vaisseaux une mer sans orage?
Fouille ces champs féconds : le fer, l'argent, l'airain,
L'or même, en longs ruisseaux circulent dans leur sein;
Ces champs ont vu fleurir cent peuples redoutables,
Les Sabins belliqueux, les Marses indomptables,
Et ces Liguriens qu'indigne le repos,
Et ces Volsques *(tous d'anciens peuples d'Italie),* armés d'énormes javelots.
Ces champs ont enfanté les Dèces, les Émiles,
Les braves Scipions, les généreux Camilles *(autant de grands hommes de la République romaine)*;
Toi surtout, toi César *(il s'agit d'Octave)*, qui sur ces bords lointains
Soumets l'Inde tremblante à l'aigle des Romains.
Terre féconde en fruits, en conquérants fertile,
Salut! Je chante un art à ta grandeur utile;
Du Permesse *(source de Boétie, consacrée aux Muses)* pour toi les canaux sont rouverts,
Hésiode aux Romains va parler dans mes vers.

Deuxième Géorgique,
vers 114 à 176,
traduction de Jacques Delille

Carrément chauvin, voire xénophobe, l'immortel Virgile ! Et flagorneur avec ça ! Rien moins que de normal pour le poète de cour. Plus près de nous, le grand Racine agira de même sous le règne du Monarque absolu. D'ailleurs, l'hexamètre dactylique du poète latin, transposé, au XVIIIe siècle, en alexandrins par l'abbé Delille, ne prend-il pas, ici, un accent proprement racinien ? On constatera que pour Virgile, comme pour l'*aède* grec avant lui, la nature tout entière est un vaste jardin, don des dieux fait aux humains, que l'homme a pour mission d'embellir et de faire fructifier.

ÉSOPE ET LA FONTAINE

Fables du jardinier

À plus de deux millénaires de distance, Ésope (VIIe-VIe siècles avant J.-C.) et Jean de La Fontaine (1621-1695) ne se sont pas seulement contentés, l'un en prose et l'autre en vers, de faire parler les animaux et les végétaux. Ils ont écrit aussi des fables dont le protagoniste est un jardinier. Leurs morales se passent de tous commentaires.

LE JARDINIER ET LE CHIEN

Un jardinier descendit au fond d'un puits pour délivrer son chien qui était tombé dedans. Pensant que son maître était venu pour l'enfoncer plus encore, le chien se retourna et le mordit.

Tout à sa douleur, le jardinier se retira : « J'ai eu, dit-il, ce que je méritais. Qu'ai-je voulu tirer du pétrin celui qui s'y est mis lui-même ? »

L'ÂNE ET LE JARDINIER

Un âne au service d'un jardinier mangeait peu et travaillait beaucoup. Il pria Zeus de le délivrer de sa condition en le faisant passer au service d'un autre maître. Zeus l'exauça et il fut vendu à un potier. Mais, de nouveau, l'âne rechignait : il portait à la fois la terre et la poterie, si bien que son fardeau était encore plus lourd qu'auparavant. Il demanda une fois encore à changer de situation et il fut vendu à un corroyeur. Le voilà tombé entre les mains d'un maître bien pire que les précédents. Voyant à quelles activités il se livrait, l'âne disait en gémissant : « Malheur à moi ! Que ne suis-je resté chez mes premiers maîtres ! Celui-ci, je le vois bien, finira par me faire la peau ! »

Nouveau maître fait regretter l'ancien.

LE JARDINIER ARROSANT DES LÉGUMES

Comme le jardinier arrosait ses plantes, un passant s'arrêta pour lui demander pourquoi les légumes sauvages étaient florissants et vigoureux alors que ceux qu'il cultivait étaient chétifs et rabougris. « La terre, répondit le jardinier, est pour les premiers une mère, pour les autres une marâtre. »

Il en est de même pour les enfants selon qu'ils sont nourris ou non par leur mère.

Ésope, *Fables*,
traduit du grec par Claude Terreaux
© Éditions Arléa, 1994

LE JARDINIER ET SON SEIGNEUR

Un amateur du jardinage,
Demi-bourgeois, demi-manant,
Possédoit en certain village
Un jardin assez propre, et le clos attenant.
Il avoit de plant vif fermé cette étendue.
Là croissoit à plaisir l'oseille et la laitue,
De quoi faire à Margot pour sa fête un bouquet,
Peu de jasmin d'Espagne, et force serpolet.
Cette félicité par un lièvre troublée
Fit qu'au Seigneur du bourg notre homme se plaignit.
« Ce maudit animal vient prendre sa goulée
Soir et matin, dit-il, et des pièges se rit ;
Les pierres, les bâtons y perdent leur crédit :
Il est sorcier, je crois. – Sorcier ? je l'en défie,
Repartit le Seigneur : fût-il diable, Miraut,
En dépit de ses tours, l'attrapera bientôt.
Je vous en déferai, bon homme, sur ma vie.
– Et quand ? – Et dès demain, sans tarder plus longtemps. »
La partie ainsi faite, il vient avec ses gens.
« Çà, déjeunons, dit-il : vos poulets sont-ils tendres ?
La fille du logis, qu'on vous voie, approchez :
Quand la marierons-nous ? quand aurons-nous des gendres ?
Bon homme, c'est ce coup qu'il faut, vous m'entendez,
Qu'il faut fouiller à l'escarcelle. »
Disant ces mots, il fait connoissance avec elle,
Auprès de lui la fait asseoir,
Prend une main, un bras, lève un coin du mouchoir,

Toutes sottises dont la belle
Se défend avec grand respect :
Tant qu'au père à la fin cela devient suspect.
Cependant on fricasse, on se rue en cuisine.
« De quand sont vos jambons ? Ils ont fort bonne mine.
– Monsieur, ils sont à vous. – Vraiment, dit le Seigneur,
Je les reçois, et de bon cœur. »
Il déjeune très bien ; aussi fait sa famille,
Chiens, chevaux, et valets, tous bien endentés :
Il commande chez l'hôte, y prend des libertés,
Boit son vin, caresse sa fille.
L'embarras des chasseurs succède au déjeuné.
Chacun s'anime et se prépare :
Les trompes et les cors font un tel tintamarre
Que le bon homme est étonné.
Le pis fut que l'on mit en piteux équipage
Le pauvre potager : adieu planches, carreaux ;
Adieu chicorée et porreaux ;
Adieu de quoi mettre au potage.
Le lièvre étoit gîté dessous un maître chou.
On le quête ; on le lance : il s'enfuit par un trou,
Non pas trou, mais trouée, horrible et large plaie
Que l'on fit à la pauvre haie
Par ordre du Seigneur ; car il eût été mal
Qu'on n'eût pu du jardin sortir tout à cheval.
Le bon homme disoit : « Ce sont là jeux de prince. »
Mais on le laissoit dire ; et les chiens et les gens
Firent plus de dégât en une heure de temps
Que n'en auroient fait en cent ans
Tous les lièvres de la province.

Petits princes, videz vos débats entre vous :
De recourir aux rois vous seriez de grands fous.
Il ne les faut jamais engager dans vos guerres,
Ni les faire entrer sur vos terres.

Jean de La Fontaine,
Fables : Livre IV

VOLTAIRE

Cultivons les fleurs de la sagesse !

Après avoir connu les fastes des plus importantes cours d'Europe, les plus beaux palais, les plus splendides parcs et fréquenté les plus érudites bibliothèques, Voltaire alla cultiver son modeste jardin de Ferney, près de Genève. Un exil de vingt-huit ans, rendu nécessaire par les menaces que le roi de France et le roi de Prusse faisaient alors peser sur lui. Là, le poète mondain de jadis, qui savait faire rimer un madrigal comme pas deux et se pâmer les belles marquises, se fit philosophe et conteur. Tout à son étude et ayant retrouvé sa liberté de ton, ses écrits s'en trouvèrent plus affermis et contribuèrent mieux ainsi à asseoir sa postérité littéraire.

Le vieux Bélus, roi de Babylone, se croyait le premier homme de la terre : car tous ses courtisans le lui disaient, et ses historiographes le lui prouvaient. Ce qui pouvait excuser en lui ce ridicule, c'est qu'en effet ses prédécesseurs avaient bâti Babylone plus de trente mille ans avant lui et qu'il l'avait embellie. On sait que son palais et son parc, situés à quelques parasanges de Babylone, s'étendaient entre l'Euphrate et le Tigre, qui baignaient ces rivages enchantés. Sa vaste maison, de trois mille pas de façade, s'élevait jusqu'aux nues. La plate-forme était entourée d'une balustrade de marbre blanc de cinquante pieds de hauteur, qui portait les statues colossales de tous les rois et de tous les grands hommes de l'empire. Cette plate-forme, composée de deux rangs de briques couvertes d'une épaisse surface de plomb d'une extrémité à l'autre, était chargée de douze pieds de terre, et sur cette terre on avait élevé des forêts d'oliviers, d'orangers, de citronniers, de palmiers, de girofliers, de cocotiers, de canneliers, qui formaient des allées impénétrables aux rayons du soleil.

Les eaux de l'Euphrate, élevées par des pompes dans cent colonnes creusées, venaient dans ces jardins remplir de vastes bassins de marbre, et, retombant ensuite par d'autres canaux, allaient former dans le parc des cascades de six mille pieds de longueur, et cent mille jets d'eau dont la hauteur pouvait à peine être aperçue : elles retournaient ensuite dans l'Euphrate, dont elles étaient parties. Les jardins de Sémiramis, qui étonnèrent l'Asie plusieurs siècles après, n'étaient qu'une faible imitation de ces antiques merveilles : car du temps de Sémiramis, tout commençait à dégénérer chez les hommes et chez les femmes.

La princesse de Babylone

« Vous devez avoir, dit Candide au Turc, une vaste et magnifique terre ? – Je n'ai que vingt arpents, répondit le Turc; je les cultive avec mes enfants; le travail éloigne de nous trois grands maux, l'ennui, le vice, et le besoin. »

Candide, en retournant dans sa métairie, fit de profondes réflexions sur le discours du Turc. Il dit à Pangloss et à Martin : « Ce bon vieillard me paraît s'être fait un sort bien préférable à celui des six rois avec qui nous avons eu l'honneur de souper. – Les grandeurs, dit Pangloss, sont fort dangereuses, selon le rapport de tous les philosophes : car enfin Eglon, roi des Moabites, fut assassiné par Aod; Absalon fut pendu par les cheveux et percé de trois dards; le roi Nadab, fils de Jéroboam, fut tué par Baasa; le roi Ela par Zambri; Ochosias, par Jéhu; Athalia, par Joïada; les rois Joachim, Jéchonias, Sédécias, furent esclaves. Vous savez comment périrent Crésus, Astyage, Darius, Denys de Syracuse, Pyrrhus, Persée, Annibal, Jugurtha, Arioviste, César, Pompée, Néron, Othon, Vitellius, Domitien, Richard II d'Angleterre, Édouard II, Henri VI, Richard III, Marie Stuart, Charles Ier, les trois Henri de France, l'empereur Henri IV ? Vous savez... – Je sais aussi, dit Candide, qu'il faut cultiver notre jardin. – Vous avez raison, dit Pangloss; car quand l'homme fut mis dans le jardin d'Éden, il y fut mis *ut operaretur eum*, pour qu'il travaillât : ce qui prouve que l'homme n'est pas né pour le repos. – Travaillons sans raisonner, dit Martin; c'est le seul moyen de rendre la vie supportable. »

Toute la petite société entra dans ce louable dessein; chacun se mit à exercer ses talents. La petite terre rapporta beaucoup. Cunégonde était, à la vérité, bien laide; mais elle devint une excellente pâtissière; Paquerette broda; la vieille eut soin du linge. Il n'y eut pas jusqu'à frère Giroflée qui ne rendît service; il fut un très bon menuisier, et même devint honnête homme; et Pangloss disait quelquefois à Candide : « Tous les évènements sont enchaînés dans le meilleur des mondes possibles : car enfin si vous n'aviez pas été chassé d'un beau château à grands coups de pied dans le derrière pour l'amour de mademoiselle Cunégonde, si vous n'aviez pas été mis à l'Inquisition, si vous n'aviez pas couru l'Amérique à pied, si vous n'aviez pas donné un bon coup d'épée au baron, si vous n'aviez pas perdu tous vos moutons du bon pays d'Eldorado, vous ne mangeriez pas ici des cédrats confits et des pistaches. – Cela est bien dit, répondit Candide, mais il faut cultiver notre jardin. »

Candide ou l'Optimisme

> Précédemment dans le roman, Candide, interrogeant le patricien vénitien Procurante sur les grands auteurs réunis dans sa bibliothèque, s'entendit répondre que l'ensemble de leurs ouvrages : « ne valent pas une page de Sénèque. » Celle-ci, par exemple : « On le peut aussi définir en disant que l'homme heureux est celui pour qui il n'est rien de bon ou de mauvais hormis une âme bonne ou mauvaise : l'homme qui cultive les valeurs d'honnêteté, qui trouve son contentement dans la vertu, que les caprices de la fortune n'exaltent ni n'abattent, qui ne connaît de plus grand bien que celui qu'il se peut donner à soi-même, pour qui le plaisir véritable est le mépris des plaisirs. » *[traduit du latin par François Rosso]*

HONORÉ DE BALZAC

Paysages d'illusions

Avec le Lys dans la vallée, publié en 1836, s'achève « le cycle de la Touraine » de La Comédie humaine *d'Honoré de Balzac.* Les Illusions perdues, *commencées l'année suivante, auront pour cadre principal Angoulême et Paris. Dès lors l'auteur, né à Tours en 1799 et mort à Paris en 1850, n'aura de cesse de poursuivre l'œuvre titanesque et labyrinthique qu'il nous a laissée, et où les mœurs et personnages parisiens prendront le dessus sur ceux de la province. Les exégètes de Balzac s'accordent à reconnaître que la Touraine joue dans* La Comédie humaine *le rôle ambigu du paradis perdu.* Le Lys dans la vallée, *composé d'échanges de lettres, qui fut une œuvre « difficultueuse » à écrire, de l'aveu de son auteur, est celle où il a mis le plus de lui-même. Le castel imaginaire de Clochegourde, cadre idyllique de l'amour du jeune Félix pour Mme de Mortsauf, s'inspire des paysages originels et de la première passion amoureuse d'un Balzac alors naïf et encore plein d'illusions.*

Quand je m'assis sous mon noyer, le soleil de midi faisait pétiller les ardoises de son toit et les vitres de ses fenêtres. Sa robe de percale produisait le point blanc que je remarquai dans ses vignes sous un hallebergier *(sorte de pêcher)*. Elle était, comme vous le savez déjà, sans rien savoir encore, LE LYS DE CETTE VALLÉE où elle croissait pour le ciel, en la remplissant du parfum de ses vertus. L'amour infini, sans autre aliment qu'un objet à peine entrevu dont mon âme était remplie, je le trouvais exprimé par ce long ruban d'eau qui ruisselle au soleil entre deux rives vertes, par ces lignes de peupliers qui parent de leurs dentelles mobiles ce val d'amour, par les bois de chênes qui s'avancent entre les vignobles sur des coteaux que la rivière arrondit toujours différemment, et par ces horizons estompés qui fuient en se contrariant. Si vous voulez voir la nature belle et vierge comme une fiancée, allez là par un jour de printemps ; si vous voulez calmer les plaies saignantes de votre cœur, revenez-y par les derniers jours de l'automne ; au printemps, l'amour y bat des ailes à plein ciel, en automne on y songe à ceux qui ne sont plus. Le poumon malade y respire une bienfaisante fraîcheur, la vue s'y repose sur des touffes dorées qui communiquent à l'âme leurs paisibles douceurs. En ce moment, les moulins situés sur les chutes de l'Indre donnaient une voix à cette vallée frémissante, les peupliers se balançaient en riant, pas un nuage au ciel, les oiseaux chantaient, les cigales criaient, tout y était mélodie. Ne me demandez plus pourquoi j'aime la Touraine ? Je ne l'aime ni comme on aime son berceau, ni comme on aime une oasis dans le désert ; je l'aime comme un artiste aime l'art ; je l'aime moins que je ne vous aime, mais sans la Touraine, peut-être ne vivrais-je plus. Sans savoir pourquoi, mes yeux revenaient au point blanc, à la femme qui brillait dans ce vaste jardin comme au milieu des buissons verts éclatait la clochette d'un convolvulus, flétrie si l'on y touche. Je descendis, l'âme émue, au fond de cette corbeille, et vis bientôt un village que la poésie qui surabondait en moi me fit trouver sans pareil. Figurez-vous trois moulins posés parmi des îles gracieusement découpées, couronnées de quelques bouquets d'arbres au milieu d'une prairie d'eau ; quel autre nom donner à ces végétations aquatiques, si vivaces, si bien colorées, qui tapissent la rivière, surgissent au-dessus, ondulent avec elle, se laissent aller à ses caprices et se plient aux tempêtes de la rivière fouettée par la roue des moulins ! Çà et là, s'élèvent des masses de gravier sur lesquelles l'eau se brise en y formant des franges où reluit le soleil. Les amaryllis, le nénuphar, le lys d'eau, les joncs, les phlox décorent les rives de leurs magnifiques tapisseries. Un pont tremblant composé de poutrelles pourries, dont les piles sont couvertes de fleurs, dont les garde-fous plantés d'herbes vivaces et de mousses veloutées se penchent sur la rivière et ne tombent point ; des barques usées, des filets de pêcheurs, le chant monotone d'un berger, les canards qui voguaient entre les îles ou s'épluchaient sur le jard, nom du gros sable que charrie la Loire ; des garçons meuniers, le bonnet sur l'oreille, occupés à charger leurs mulets ; chacun de ces détails rendait cette scène d'une naïveté surprenante. Imaginez au-delà du pont deux ou trois fermes, un colombier, des tourelles, une trentaine de masures séparées par des jardins, par des haies de chèvrefeuilles, de jasmins et de clématites ; puis du fumier fleuri devant toutes les portes, des poules et des coqs par les chemins ? voilà le village du Pont-de-Ruan, joli village surmonté d'une vieille église pleine de caractère, une église du temps des croisades, et comme les peintres en cherchent pour leurs tableaux. Encadrez le tout de noyers antiques, de jeunes peupliers aux feuilles d'or pâle, mettez de gracieuses fabriques au milieu des longues prairies où l'œil se perd sous un ciel chaud et vaporeux, vous aurez une idée d'un des mille points de vue de ce beau pays.

Le Lys dans la vallée

Félix, jeune homme vierge de vingt ans, avait rencontré Mme de Mortsauf au bal donné à Tours par le duc d'Angoulême, pour fêter le retour au pouvoir des Bourbons. Assis sur la même banquette, un peu à l'écart de la foule, sans avoir échangé un mot avec elle, et découvrant les épaules dénudées de cette belle femme de quelques années plus âgée que lui, il fut saisi d'un désir impulsif et lui embrassa fougueusement le dos ! Elle poussa un cri et disparut. Ignorant son identité, il partit à pied à sa recherche et la retrouva, quasi miraculeusement. Celle-ci, mariée à un homme volage et insensible, sera touchée par la passion inspirée au jeune homme. Mais femme de devoir, vertueuse, elle finira par se suicider, non sans adresser une longue lettre posthume à son nouveau confident. C'est à sa maîtresse, la marquise Natalie de Manerville, que Félix, devenu par la suite un amant accompli, relate cette histoire. Balzac atteint, ici, un niveau de lyrisme plutôt inhabituel dans son œuvre. Si la sincérité de ses émotions, puisées dans ses souvenirs tourangeaux, n'est pas à mettre en doute, on notera que l'artiste cependant ne se laisse pas submerger par celles-ci : c'est en véritable peintre qu'il nous décrit ces paysages de jeunesse, n'hésitant pas à rajouter quelques « fabriques » (éléments d'ornementation des jardins paysagers) dans le décor, pour rendre plus pittoresque encore le tableau !

GUSTAVE FLAUBERT

Meurtre dans un jardin de curé

Les dernières années de sa vie, définitivement retiré à Croisset, Flaubert (1821-1880) écrit Bouvard et Pécuchet, *qu'il laissera inachevé et sera publié après sa mort. Le sujet de ce livre le hantait depuis sa jeunesse. L'histoire de ces deux prototypes de petits-bourgeois, qui se piquent de culture et n'aboutissent, en fin de compte, qu'à proférer des lieux communs, n'était pas, pour lui, sans résonance, au sens psychanalytique du terme. Dès l'abord, il avouera à Tourgueniev : « Quelle peur j'éprouve ! Quelles transes ! Il me semble que je vais m'embarquer pour un très grand voyage, vers des régions inconnues, et que je n'en reviendrai pas. » Après plusieurs mois de rédaction, reprenant l'antienne célèbre de* Madame Bovary, *il prédira : « Bouvard et Pécuchet m'emplissent à tel point, que je suis eux. Leur bêtise est mienne et j'en crève. » Comme Flaubert, les deux amis, lassés de Paris, aspirent à se retirer à la campagne pour se consacrer tout entier à leurs chères études. L'héritage, inattendu, de Bouvard va leur permettre de quitter leur emploi de copistes et de fuir la capitale. À peine installés dans leur nouvelle villégiature, ils inspectent sans tarder leur jardin : anticipation de l'idéal pavillonnaire du Français moyen actuel ?*

Ils tendaient leur ventre ; ils s'appuyaient sur le dossier de leur chaise, qui en craquait, et ils se répétaient : « Nous y voilà donc ! quel bonheur ! il me semble que c'est un rêve ! »

Bien qu'il fût minuit, Pécuchet eut l'idée de faire un tour dans le jardin. Bouvard ne s'y refusa pas. Ils prirent la chandelle et, l'abritant avec un vieux journal, se promenèrent le long des plates-bandes. Ils avaient plaisir à nommer tout haut les légumes : « Tiens, des carottes ! Ah ! des choux ! »

Ensuite ils inspectèrent les espaliers. Pécuchet tâcha de découvrir des bourgeons. Quelquefois une araignée fuyait tout à coup sur le mur, et les deux ombres de leur corps s'y dessinaient agrandies, en répétant leurs gestes. Les pointes des herbes dégouttelaient de rosée. La nuit était complètement noire, et tout se tenait immobile dans un grand silence, une grande douceur. Au loin un coq chanta.

Leurs deux chambres avaient entre elles une petite porte que le papier de la tenture masquait. En la heurtant avec une commode, on venait d'en faire sauter les clous. Ils la trouvèrent béante. Ce fut une surprise.

Déshabillés et dans leur lit, ils bavardèrent quelque temps, puis s'endormirent. Bouvard sur le dos, la bouche ouverte, tête nue ; Pécuchet sur le flanc droit, les genoux au ventre, affublé d'un bonnet de coton, et tous les deux ronflaient sous le clair de la lune qui entrait par les fenêtres.

Quelle joie, le lendemain en se réveillant ! Bouvard fuma une pipe et Pécuchet huma une prise, qu'ils déclarèrent la meilleure de leur existence. Puis ils se mirent à la croisée, pour voir le paysage.

On avait en face de soi les champs, à droite une grange, avec le clocher de l'église ; et à gauche un rideau de peupliers.

Deux allées principales, formant la croix, divisaient le jardin en quatre morceaux. Les légumes étaient compris dans les plates-bandes, où se dressaient, de place en place, des cyprès nains et des quenouilles. D'un côté une tonnelle aboutissait à un vignot, de l'autre un mur soutenait les espaliers ; et une claire-voie, dans le fond, donnait sur la campagne. Il y avait au-delà du mur un verger, après la charmille, un bosquet ; derrière la claire-voie, un petit chemin.

Bouvard et Pécuchet

En somme, un parfait jardin de curé, où l'utile le dispute à l'agrément et où le rationnel prend le pas sur l'esthétique. De même que Flaubert passa la fin de sa vie en compagnie de Bouvard et Pécuchet, Sartre consacra en grande partie ses dernières années, juste avant la cécité, à la rédaction d'une monumentale biographie de Flaubert. Chacun son jardin secret. Plus qu'une biographie, *L'Idiot de la famille*, en trois volumes et plus de 3 000 pages serrées, est le rapport d'autopsie littéraire pratiquée sur le cadavre encore chaud du vieux Gustave. Un sacré névrosé, selon le docteur Sartre ! Pour l'auteur de *La Nausée* : « C'est la Science qu'il poursuivra jusqu'au bout de ses sarcasmes et qu'il veut démasquer dans *Bouvard et Pécuchet* pour qu'elle s'effondre sous le poids de ses contradictions ; rien n'est sûr puisque l'évidence est perdue : si les idées adéquates ne sont pas marquées, comment les reconnaître ? Tout s'équivaut. Et Gustave nous fera savoir qu'il « n'a pas d'idées », qu'il ne faut jamais conclure, qu'il faut respecter toutes les opinions pourvu qu'elles soient sincères. » Plus loin, après avoir évoqué l'enfance de Flaubert à l'hôtel-Dieu de Rouen, dont son père était le patron, Sartre précise : « *Bouvard et Pécuchet*, cette œuvre colossale et grotesque, plongera ses racines au plus profond d'une enfance aliénée : à près de cinquante ans, Gustave entreprendra *pour de bon* et intentionnellement le meurtre du père. »

J.-K. HUYSMANS

Le paradis artificiel

*Fuyant la foule parisienne, jugée par trop vulgaire, et sans prévenir parents et amis, des Esseintes, le héros d'*À rebours *de Huysmans, s'est installé dans une maison isolée sur les hauteurs de Fontenay-aux-Roses, dans la banlieue sud. Figure de l'esthète névrosé et décadent « fin de siècle », il en a supervisé la décoration dans les moindres détails : livres, meubles, bibelots… Pour tout jardin, des Esseintes n'a sélectionné que des plantes de serres, les espèces les plus rares et les formes les plus sophistiquées, nécessitant de la part de Huysmans, son double, un choix tout aussi distingué d'épithètes appropriées !*

Après les fleurs factices singeant les véritables fleurs, il voulait des fleurs naturelles imitant des fleurs fausses.

Il dirigea ses pensées dans ce sens ; il n'eut point à chercher longtemps, à aller loin, puisque sa maison était située au beau milieu du pays des grands horticulteurs. Il s'en fut tout bonnement visiter les serres de l'avenue de Châtillon ou de la vallée d'Aunay, revint éreinté, la bourse vide, émerveillé des folies de végétation qu'il avait vues, ne pensant plus qu'aux espèces qu'il avait acquises, hanté sans trêve par des souvenirs de corbeilles magnifiques et bizarres.

Deux jours après, les voitures arrivèrent.

Sa liste à la main, des Esseintes appelait, vérifiait ses emplettes, une à une.

Les jardiniers descendirent de leurs carrioles une collection de Caladiums qui appuyaient sur des tiges turgides et velues d'énormes feuilles, de la forme d'un cœur ; tout en conservant entre eux un air de parenté, aucun ne se répétait.

Il y en avait d'extraordinaires, des rosâtres, tels que le Virginale qui semblait découpé dans de la toile vernie, dans du taffetas gommé d'Angleterre ; de tout blancs, tels que l'Albane, qui paraissait taillé dans la plèvre transparente d'un bœuf, dans la vessie diaphane d'un porc ; quelques-uns, surtout le Madame Mame, imitaient le zinc, parodiaient des morceaux de métal estampé, teints en vert empereur, salis par des gouttes de peinture à l'huile, par des taches de minium et de céruse ; ceux-ci, comme le Bosphore, donnaient l'illusion d'un calicot empesé, caillouté de cramoisi et de vert myrte ; ceux-là, comme l'Aurore Boréale, étalaient une feuille couleur de viande crue, striée de côtes pourpre, de fibrilles violacées, une feuille tuméfiée, suant le vin bleu et le sang.

Avec l'Albane, l'Aurore présentait les deux notes extrêmes du tempérament, l'apoplexie et la chlorose de cette plante.

Les jardiniers apportèrent encore de nouvelles variétés ; elles affectaient, cette fois, une apparence de peau factice sillonnée de fausses veines ; et, la plupart, comme rongées par des syphilis et des lèpres, tendaient des chairs livides, marbrées de roséoles, damassées de dartres ; d'autres avaient le ton rose vif des cicatrices qui se ferment ou la teinte brune des croûtes qui se forment ;

d'autres étaient bouillonnées par des cautères, soulevées par des brûlures ; d'autres encore, montraient des épidermes poilus, creusés par des ulcères et repoussés par des chancres ; quelques-unes, enfin, paraissaient couvertes de pansements, plaquées d'axonge noire mercurielle, d'onguents verts de belladone, piquées de grains de poussière, par les micas jaunes de la poudre d'iodoforme.

Réunies entre elles, ces fleurs éclatèrent devant des Esseintes, plus monstrueuses que lorsqu'il les avait surprises, confondues avec d'autres, ainsi que dans un hôpital, parmi les salles vitrées des serres.

– Sapristi ! fit-il enthousiasmé.

Une nouvelle plante, d'un modèle similaire à celui des Caladiums, l'« Alocasia Metallica », l'exalta encore. Celle-là était enduite d'une couche de vert bronze sur laquelle glissaient des reflets d'argent ; elle était le chef-d'œuvre du factice ; on eût dit d'un morceau de tuyau découpé en fer de pique, par un fumiste.

Les hommes débarquèrent ensuite des touffes de feuilles, losangées, vert-bouteille ; au milieu s'élevait une baguette au bout de laquelle tremblotait un grand as de cœur, aussi vernissé qu'un piment ; comme pour narguer tous les aspects connus des plantes, du milieu de cet as d'un vermillon intense, jaillissait une queue charnue, cotonneuse, blanche et jaune, droite chez les unes, tire-bouchonnée, tout en haut du cœur, de même qu'une queue de cochon, chez les autres.

C'était l'Anthurium, une aroïdée récemment importée de Colombie en France ; elle faisait partie d'un lot de cette famille à laquelle appartenait aussi un Amorphophallus, une plante de Cochinchine, aux feuilles en truelles à poissons, aux longues tiges noires couturées de balafres, pareilles à des membres endommagés de nègre.

Des Esseintes exultait.

À rebours

L'atmosphère délétère dans laquelle s'enfermera des Esseintes se révélera invivable. À la fin du roman, il retournera à Paris ! On sait qu'après *À rebours*, roman inégalé, où l'art pour l'art est développé à l'extrême (on a droit à de saisissantes analyses sur la musique, la peinture et la littérature de la fin du XIXe siècle), Huysmans se tournera vers la religion catholique. Raisons pour lesquelles *À rebours* a été considéré, en son temps, comme un roman apologétique. Le goût des plantes exotiques et des salons-serres se développa à Paris sous le second Empire. La vogue perdura jusqu'au début du siècle suivant. On se souvient du jardin d'hiver d'Odette Swann décrit par Marcel Proust. Déjà, dans son *Journal*, Edmond de Goncourt témoignait : « C'est fini des belles grosses roses bourgeoises, bien portantes… Aujourd'hui l'horticulture cherche la rose alanguie, aux feuilles floches et tombantes. Dans ce genre est exposée une merveille : la rose appelée Madame Cornelissen, une rose à l'enroulement lâche, au tuyautage desserré, au contournement mourant, une rose où il y a dans le dessin comme l'évanouissement d'une syncope, une rose névrosée, la rose décadente des vieux siècles… »

HENRI BOSCO

L'âme des jardins

*Traducteur d'anciens textes grecs et latins, le héros d'*Un rameau de la nuit *– l'un des plus envoûtants romans de l'auteur du* Mas Théotime *et de* L'Âne Culotte *– décide de quitter Marseille et de s'installer dans un village déserté du Lubéron. Il y loue à l'année une demeure, entourée d'un parc de quatre hectares, Loselée, séparée par un mur mitoyen de Fontanelle, la maison de sa propriétaire, Clotilde de Queyrande. Là, servi par une jeune domestique sourde et muette et un vieux jardinier taciturne, il goûte à la sérénité des lieux, inhabités depuis une vingtaine d'années. Le parc, redevenu à moitié sauvage, est pour lui, de jour comme de nuit, un véritable ravissement. Tout comme la luxuriance de la nature environnante, dont tous ses sens se rassasient.*

Sans doute, la fraîcheur tellement favorable à la consonance des âmes, et à l'équilibre des corps facilita cet accord matinal, et ainsi lentement et comme à notre insu, tout entier l'un à l'autre, sans autre pensée dans l'esprit que celle de notre présence, nous sortîmes du parc de Loselée et passâmes à Fontanelle, au milieu des chants des oiseaux et du ruissellement des sources.

Clotilde me dit :

– Le plus beau n'est pas ici. Il est dans les collines.

Elle me conduisit au fond de Fontanelle jusqu'au mur de clôture, et là, ouvrant une porte cachée par le feuillage, elle me prit la main, et me fit passer dans les collines.

Nous fûmes aussitôt dans une ravine bleuâtre, où coulait un ruisselet. Je ne connaissais pas cette ravine. Des jonquilles y fleurissaient au ras de l'eau. Une alouette lourde y prit son vol, en nous entendant, et les parois portaient, dans les fentes du roc, des buis luisants d'humidité et des cytises. Nous marchions l'un derrière l'autre, sur un étroit sentier. Je voyais les épaules larges et lentement mouvantes de Clotilde et ses reins souples sous la mousseline ; mais, dans l'innocence du monde, encore près de l'aube, je n'en éprouvais de plaisir que celui que donne une marche facilement grave dont l'aisance fait oublier la volupté. Or Clotilde était grave. Elle ne parlait pas. Elle avançait. Le sentier s'élevait vers les collines. Il suivait ce ravin qui, par moments, s'étrécissait et que recouvraient en voûte des branches vivaces. Des coulées odorantes descendaient vers nous dans ce creux humide. Il recueillait tous les parfums de la lavande, du genêt, de la mélisse, dont plus haut sont couverts les plateaux et les pentes sauvages. On entendait une mésange. Et toujours nous marchions. De temps à autre tout en avançant, Clotilde se tournait vers moi et me souriait. De mes claires années, celles de mon adolescence, en moi quelque émotion remuait tout à coup le sang et je souriais aussi à ce beau visage. Nous marchions cependant, sans nous arrêter.

Des filets d'argile bleuâtre filtraient parfois dans une fissure du calcaire et il en sortait des bouquets de sauge, qui embaumaient l'air tout près de nos joues, quand nous passions. Le fenouil, l'angélique, à chaque pas, nous parfumaient, car, à chaque pas, nous en écrasions des touffes naissantes. Quelques sources suintaient, parmi des capillaires à travers l'argile, et la rougissaient. Clotilde, qui parfois soupirait d'aise, semblait pourtant ne pas aller à l'aventure, mais nous conduire vers un but prémédité, car, en dépit de sa subtile nonchalance, elle n'hésitait pas. Le chemin montait. Il s'enfonçait de plus en plus dans la montagne et s'insinuait en d'étroits couloirs qui tortueusement pénétraient dans une région retranchée du monde. Bientôt il redescendit. Les parois se firent plus hautes et plus broussailleuses. Il fallait écarter des buissons d'argyras, épineux, vifs. Les ronces croissaient dans ces failles. L'eau plus vive épandait aussi plus de fraîcheur et de beaux papillons nymphales en effleuraient les filets brillants où poussaient la menthe aquatique et la gentiane. Enfin, après un raidillon, nous franchîmes comme une porte naturelle, entre deux parois lisses de calcaire, et je vis à nos pieds un vallon parfaitement clos et de peu d'étendue.

Clotilde s'arrêta, posa sa main sur mon épaule et me dit :

– Voilà un asile. Le lieu est sûr.

Et aussitôt je perdis la pensée.

J'oubliai comment j'étais venu là : j'y étais. Il n'y avait plus de distance, si petite fût-elle, entre moi et les choses. Leur présence était ma présence, et ni souvenir ni présage ne me situaient dans ce clair matin. Il y faisait bon. On y voyait tout. Rien n'échappait à cette évidence parfaite ; car, on n'y pouvait plus rien désirer, regretter moins encore. De la lumière, assez pour éclairer une maisonnette blottie sous sa vigne noueuse et bien feuillue. Et juste ce qu'il fallait d'ombre pour adoucir le seuil et donner à tout ce vallon l'aspect d'une retraite accueillante et fraîche, en été. Un banc devant le puits, un figuier centenaire. Au-dessus de la source un chêne glauque se mirant dans l'eau. Trois cyprès près de la maison et quatre peupliers le long d'une falaise en pierre tendre. Des amandiers et, par-dessus le toit d'argile, un minuscule colombier de vieilles tuiles peintes. Tel était cet asile. L'immobilité limpide de l'air, un roucoulement, le silence, l'odeur aigrelette du cresson de source, composaient, avec le secret de ce site calme et caché dans un repli de la colline, le plus pur refuge.

Là, on était séparé des fictions et des feintes : le temps, l'espace. Seul subsistait le sentiment du repli sur le songe et du songe sur l'innocence végétale.

C'était bien le jardin perdu, ou tout au moins une parcelle de ses fabuleuses délices échappée par miracle à la déchéance du monde.

Un rameau de la nuit
© Éditions Flammarion, 1950

Après les vertiges de l'extase, le héros du roman finira par prendre conscience qu'il est possédé par l'âme de l'ancien amant de Clotilde de Queyrande, mort vingt ans plus tôt, et dont il occupe la demeure. La passion « revécue » par les protagonistes de l'histoire, les conduira inévitablement aux portes de la folie ! Henri Bosco est à la montagne du Lubéron ce que Giono est aux plaines de la Durance, du côté du plateau de Valensole, plus au nord-est de la Haute Provence. Deux écrivains qui se partagèrent un terroir où semble réunie l'essence même du syncrétisme méditerranéen. Dans leurs romans, les dieux y sont partout présents dans la nature. Là, ces paysages, inspirés, façonnent des personnages aux âmes particulièrement tourmentées et violentes. Dans l'un de ses derniers ouvrages de souvenirs, *Le Jardin des Trinitaires,* Henri Bosco avoue qu'il pense que les vieilles maisons, les jardins et jusqu'aux moindres objets conservent toujours la trace de leurs anciens propriétaires : strates successives, invisibles à la plupart des humains, mais palpables et bien réelles pour lui !

JARDINS PRIVÉS

MADAME DE SÉVIGNÉ

Cabinets de verdure

D'où qu'elle soit : en son hôtel de Carnavalet à Paris, dans sa propriété bretonne des Roches, chez les religieuses de l'Abbaye de Livry ou chez son amie Madame de Lafayette au faubourg Saint-Germain, la marquise de Sévigné ne manque jamais, dans ses lettres, d'évoquer le jardin. Évocations sobres, quasi symboliques, qui se limitent essentiellement aux arbres, parfois aux oiseaux ou au bon entretien des parterres et allées... Jardin d'apparat ou lieu clos propice à la mélancolie, le jardin représente généralement pour l'incomparable épistolière l'un des espaces privilégiés où s'ordonnent les mots qui lui permettront de renouer le contact avec ses correspondants, au premier rang desquels figure sa fille, la comtesse de Grignan, reléguée loin d'elle, dans son château provençal. Extraits.

À COULANGES

Aux Roches, 22 juillet 1671.

Ce mot sur la semaine est par-dessus le marché de vous écrire seulement tous les quinze jours, et pour vous donner avis, mon cher cousin, que vous aurez bientôt l'honneur de voir Picard ; et comme il est frère du laquais de Mme de Coulanges, je suis bien aise de vous rendre compte de mon procédé.

Vous savez que Mme la duchesse de Chaulnes est à

Vitré ; elle y attend le duc, son mari, dans dix ou douze jours, avec les états de Bretagne : vous croyez que j'extravague ? Elle attend donc son mari avec tous les états ; et en attendant, elle est à Vitré toute seule, mourant d'ennui. Vous ne comprenez pas que cela puisse jamais revenir à Picard ? Elle meurt donc d'ennui ; je suis sa seule consolation, et vous croyez bien que je l'emporte d'une grande hauteur sur Mlles de Kerbone et de Kerqueoison. Voici un grand circuit, mais pourtant nous arrivons au but. Comme je suis donc sa seule consolation, après l'avoir été voir, elle viendra ici, et je veux qu'elle trouve mon parterre net et mes allées nettes, ces grandes allées que vous aimez. Vous ne comprenez pas encore où cela peut aller ? Voici une autre proposition incidente : vous savez qu'on fait les foins ; je n'avais pas d'ouvriers ; j'envoie dans cette prairie, que les poètes ont célébrée, prendre tous ceux qui travaillaient, pour venir travailler ici : vous n'y voyez encore goutte ? Et, en leur place, j'envoie tous mes gens faner. Savez-vous ce que c'est que faner ? Il faut que je vous l'explique : faner est la plus jolie chose du monde, c'est retourner du foin en batifolant dans une prairie ; dès qu'on en sait tant, on sait faner. Tous mes gens y allèrent gaiement ; le seul Picard me vint dire qu'il n'irait pas, qu'il n'était pas entré à mon service pour cela, que ce n'était pas son métier, et qu'il aimait mieux s'en aller à Paris. Ma foi ! la colère me monte à la tête. Je songeai que c'était la centième sottise qu'il m'avait faite ; qu'il n'avait ni cœur, ni affection ; en un mot, la mesure était comble. Je l'ai pris au mot ; et quoi qu'on m'ait pu dire pour lui, je suis demeurée ferme comme un rocher, et il est parti. C'est une justice de traiter les gens selon leurs bons ou mauvais services. Si vous le revoyez, ne le recevez point, ne le protégez point, ne me blâmez point, et songez que c'est le garçon du monde qui aime le moins à faner, et qui est le plus indigne qu'on le traite bien.

Voilà l'histoire en peu de mots. Pour moi, j'aime les narrations où l'on ne dit que ce qui est nécessaire, où l'on ne s'écarte point ni à droite, ni à gauche, où l'on ne reprend point les choses de si loin ; enfin je crois que c'est ici, sans vanité, le modèle des narrations agréables.

À MADAME DE GRIGNAN

À Livry, ce samedi 2 juin 1674.

J'écris dans le milieu du jardin comme vous l'avez imaginé, et les rossignols et les petits oiseaux ont reçu avec un grand plaisir, mais sans beaucoup de respect, ce que je leur ai dit de votre part : ils sont situés d'une manière qui leur ôte toute sorte d'humilité. Je fus hier deux heures toute seule avec les Hamadryades *(nymphes des bois)*, je leur parlai de vous, elles me contentèrent beaucoup par leur réponse [...]

À MADAME DE GRIGNAN

Aux Roches, dimanche 29 septembre 1675.

J'ai trouvé ces bois d'une beauté et d'une tristesse extraordinaires : tous ces arbres que vous avez vus si petits, sont devenus grands, droits et beaux en perfection ; ils sont élagués, et font une ombre agréable ; ils ont quarante à cinquante pieds de hauteur. La bonté du terrain y a contribué plus que leur âge. Il y a un petit air d'amour maternel dans ce détail ; songez que je les ai tous plantés, et que je les ai vus, comme dit Molière après M. de Montbazon, *pas plus haut que cela.* C'est ici une solitude faite exprès pour bien rêver ; vous en feriez bien votre profit, et je n'en use pas mal : si les pensées n'y sont pas tout à fait noires, du moins elles en sont approchantes ; je pense à vous à tout moment ; je vous regrette, je vous souhaite : votre santé, vos affaires, votre éloignement, que pensez-vous que tout cela fasse entre chien et loup ? [...]

AU COMTE DE BUSSY-RABUTIN

À Livry, ce 3 novembre 1677.

Je suis venue ici achever les beaux jours, et dire adieu aux feuilles ; elles sont encore toutes aux arbres ; elles n'ont fait que changer de couleur : au lieu d'être vertes elles sont aurores, et de tant de sortes d'aurore, que cela compose un brocart d'or riche et magnifique, que nous voulons trouver plus beau que du vert, quand ce ne serait que pour changer. [...]

Lettres

La marquise de Sévigné ne goûtait guère la Provence, qui lui avait enlevée sa fille. Ses lettres envoyées à Madame de Grignan sont souvent émaillées de critiques sur la nature et le climat du pays : « Ce que vous me dites des arbres qui changent est admirable ; la persévérance de ceux de Provence est triste et ennuyeuse : il vaut mieux reverdir que d'être toujours vert », « Que vous êtes excessifs en Provence ! Tout est extrême, vos chaleurs, vos sereins, vos bises, vos pluies hors de saison, vos tonnerres en automne : il n'y a rien de doux, ni de tempéré. Vos rivières sont débordées, vos champs noyés et abîmés. Votre Durance a toujours quasi le diable au corps. » Par amour pour sa fille, elle prit pourtant la route au printemps 1694, à près de 70 ans, et alla la rejoindre à Grignan. Un long et pénible voyage, qui fut le dernier. C'est au château de Grignan, en effet, qu'elle s'éteignait, deux ans plus tard, envisageant « la mort avec une fermeté et une soumission étonnante », ainsi que l'écrivit son gendre.

BOILEAU

Mieux vaut être jardinier que poète!

*S'inspirant de l'*Épître à mon fermier *de Horace, dans laquelle ce dernier vante les avantages de la vie à la campagne sur ceux de la ville, Boileau (1636-1711) a eu l'idée d'envoyer une épître à son jardinier. Il y évoque les similitudes et les différences liées à leurs professions respectives : deux métiers qui exigent, si l'on veut les mener à bien, de suer sang et eau. Quoique celui de poète soit, pour Boileau, de beaucoup, le plus difficile!*

À MON JARDINIER

Laborieux valet du plus commode maître
Qui pour te rendre heureux ici-bas pouvait naître,
Antoine, gouverneur de mon jardin d'Auteuil,
Qui diriges chez moi l'if et le chèvrefeuil,
Et sur mes espaliers, industrieux génie,
Sais si bien exercer l'art de la Quintinie;
Ô! que de mon esprit triste et mal ordonné,
Ainsi que de ce champ par toi si bien orné,
Ne puis-je faire ôter les ronces, les épines,
Et des défauts sans nombre arracher les racines!
Mais parle : raisonnons. Quand, du matin au soir,
Chez moi poussant la bêche, ou portant l'arrosoir,
Tu fais d'un sable aride une terre fertile,

Et rends tout mon jardin à tes lois si docile;
Que dis-tu de m'y voir rêveur, capricieux,
Tantôt baissant le front, tantôt levant les yeux,
De paroles dans l'air par élans envolées,
Effrayer les oiseaux perchés dans mes allées?
Ne soupçonnes-tu point qu'agité du démon,
Ainsi que ce cousin des quatre fils Aimon,
Dont tu lis quelquefois la merveilleuse histoire,
Je rumine en marchant quelque endroit du grimoire?
Mais non : tu te souviens qu'au village on t'a dit
Que ton maître est nommé pour coucher par écrit
Les faits d'un roi plus grand en sagesse, en vaillance,
Que Charlemagne aidé des douze pairs de France.
Tu crois qu'il y travaille, et qu'au long de ce mur
Peut-être en ce moment il prend Mons et Namur.
Que penserais-tu donc, si l'on t'allait apprendre
Que ce grand chroniqueur des gestes d'Alexandre,
Aujourd'hui méditant un projet tout nouveau,
S'agite, se démène, et s'use le cerveau,
Pour te faire à toi-même en rimes insensées
Un bizarre portrait de ses folles pensées?
Mon maître, dirais-tu, passe pour un docteur,
Et parle quelquefois mieux qu'un prédicateur.
Sous ces arbres pourtant, de si vaines sornettes
Il n'irait point troubler la paix de ces fauvettes,
S'il lui fallait toujours, comme moi, s'exercer,
Labourer, couper, tondre, aplanir, palisser,
Et, dans l'eau de ces puits sans relâche tirée,
De ce sable étancher la soif démesurée.
Antoine, de nous deux, tu crois donc, je le vois
Que le plus occupé dans ce jardin, c'est toi?
Ô! que tu changerais d'avis et de langage,

Si deux jours seulement, libre du jardinage,
Tout à coup devenu poète et bel esprit,
Tu t'allais engager à polir un écrit
Qui dît, sans s'avilir, les plus petites choses ;
Fît des plus secs chardons des œillets et des roses ;
Et sût même au discours de la rusticité
Donner de l'élégance et de la dignité ;
Un ouvrage, en un mot, qui, juste en tous ses termes,
Sût plaire à d'Aguesseau, sût satisfaire Termes,
Sût, dis-je, contenter, en paraissant au jour,
Ce qu'ont d'esprits plus fins et la ville et la cour !
Bientôt de ce travail revenu sec et pâle,
Et le teint plus jauni que de vingt ans de hâle,
Tu dirais, reprenant ta pelle et ton râteau :
J'aime mieux mettre encor cent arpents au niveau,
Que d'aller follement, égaré dans les nues,
Me lasser à chercher des visions cornues ;
Et, pour lier des mots si mal s'entr'accordants,
Prendre dans ce jardin la lune avec les dents.
Approche donc, et viens : qu'un paresseux
t'apprenne,
Antoine, ce que c'est que fatigue et que peine.
[...]
Suis-moi donc. Mais je vois, sur ce début de prône,
Que ta bouche déjà s'ouvre large d'une aune,
Et que, les yeux fermés, tu baisses le menton.
Ma foi, le plus sûr est de finir ce sermon.
Aussi bien j'aperçois ces melons qui t'attendent,
Et ces fleurs qui là-bas entre elles se demandent,
S'il est fête au village, et pour quel saint nouveau,
On les laisse aujourd'hui si longtemps manquer d'eau.

Épître XI

La première version de l'*Épître à mon jardinier* a été publiée en 1696. C'est l'avant-dernière d'un recueil de douze épîtres dont la première est adressée au Roi et la dernière à Dieu ! À cette date, devenu l'historiographe de Louis XIV, avec son ami Racine, Boileau remplissait ses fonctions avec zèle et sérieux, conformément aux principes développés dans son *Art poétique*. Non sans nostalgie de l'époque où il n'était qu'un obscur poète satirique et dont cette épître conserve ironiquement la trace. La maison et le jardin, qui se trouvaient rue des Garennes à Auteuil, avaient été achetés par Boileau en 1685. Pour la petite histoire, précisons qu'Antoine Riquié, à qui est adressée l'épître, est mort en 1749, âgé de quatre-vingt-quinze ans !

HORACE WALPOLE

Toute la nature est jardin

Dans son brillant Essai sur l'art des jardins modernes, *l'écrivain anglais du* XVIIIe *siècle, Horace Walpole, après un bref historique remontant aux jardins de l'Antiquité, et en réaction contre la mode alors en vogue des jardins à la française de Le Nôtre, fait l'éloge de la nouvelle esthétique du jardin anglais. Estimant que « la nature a horreur de la ligne droite » et soutenant l'idée que « créer un jardin, c'est peindre un paysage », il oppose à l'artificialité du jardin à la française, très architecturé et où la nature semble entièrement dominée, la conception plus « naturelle » du jardin à l'anglaise, mieux inscrit dans le paysage environnant : un naturel, comme on peut le juger par ses écrits et les réalisations évoquées à l'appui, qui ne manque pas non plus de sophistication !*

Mais le coup de maître, le pas qui conduisit à tout ce qui a suivi (la première pensée est je crois de Bridgman), ce fut la destruction des enceintes murées et l'invention des fossés ; essai hasardé qui parut si étonnant alors qu'on l'exprima vulgairement par une exclamation *ha ! ha !* pour marquer la surprise de trouver soudainement une brèche imprévue à la promenade.

Un des premiers jardins plantés dans ce style simple, mais encore régulier, ce fut celui de mon père à Houghton. Il fut l'ouvrage de M. Eyre un imitateur de Bridgman. Il contenait vingt-trois arpents qu'on regardait alors comme un espace considérable.

Voici pour quelles raisons j'appelle la suppression des clôtures le grand pas, le pas décisif. On n'eût pas plutôt fait cette espèce d'enchantement si simple qu'on se mit à niveler, à tondre, à rouler nos gazons. Les dehors contigus d'un parc sans clôture durent s'accorder avec les dedans, et à son tour le jardin dut être délivré de sa régularité originaire pour pouvoir s'assortir au site agreste du dehors. Le fossé était la marque spéciale d'un jardin ; mais pour qu'il ne parût pas trop une ligne de séparation entre l'agreste et le peigné, on s'avisa de faire entrer les dehors dans une espèce de plan général : et quand la nature y fut admise avec quelques embellissements, chaque pas qu'on fit, découvrit de nouvelles beautés et inspira des idées nouvelles. C'est alors que parut Kent, assez peintre pour sentir les charmes d'un paysage, assez hardi et ferme dans ses opinions pour oser donner des préceptes, et né avec assez de génie pour voir un grand système dans le crépuscule de nos essais imparfaits. Il sentit le délicieux contraste des coteaux et des vallons s'unissant imperceptiblement l'un à l'autre ; il ajouta ces belles ondulations d'un terrain qui s'élève et s'enfonce alternativement ; et il remarqua avec quelle grâce une éminence douce se couronne de bouquets d'arbres qui attirent de loin la vue parmi leurs tiges élégantes, en même temps qu'ils s'éloignent et étendent la perspective par la décevante comparaison des objets intermédiaires.

Ainsi le pinceau de son imagination prodigua tous les artifices d'un beau paysage aux scènes qu'il dessina. Les grands principes sur lesquels il travaillait étaient la perspective et le clair-obscur. Des groupes d'arbres rompirent l'uniformité d'une clairière trop étendue ; des bois, des arbustes toujours verts contrastèrent avec l'éclat des campagnes ; et quand le point de vue était moins heureux ou assez découvert pour être aperçu d'un seul coup d'œil, il en obscurcit quelques parties pour y mettre de la variété ou pour augmenter le charme du site le plus riche en ménageant la découverte et ne la développant au spectateur que successivement. Ainsi choisissant les objets heureux, et cachant les difformités par des plantations plantées au devant comme des repoussoirs ; quelquefois employant le désert le plus sauvage pour faire valoir la scène la plus riche, il réalisa les compositions des grands peintres. Manquait-il d'objets pour animer son horizon ? son talent d'architecte savait aussitôt le terminer avec goût. Ses fabriques, ses pavillons, ses temples étaient plutôt l'ouvrage du pinceau que du compas. C'est à son habileté dans la perspective que nous devons la restauration du style grec et les progrès de l'architecture.

Mais la plus grande beauté de toutes celles dont il orna ce beau pays-ci, c'est l'emploi et la distribution des eaux. Adieu les canaux, les bassins circulaires, les cascades tombant sur un escalier de marbre, cette absurde magnificence moderne des jardins italiens et français. Plus de cataractes péniblement guindées. Un joli ruisseau parut serpenter à son gré : s'il était arrêté par la différence des niveaux du terrain, son cours semblait être seulement caché par des bocages artistement distribués et on le voyait reparaître dans l'éloignement à la distance où il devait naturellement arriver.

Essai sur l'art des jardins modernes
d'après le texte traduit de l'anglais
par M. le duc de Nivernais

Certes si l'ouvrage de Horace Walpole – qui porte au pinacle le style des jardins créés à son époque et dans son propre pays – n'est pas exempt de partialité, il n'en demeure pas moins passionnant, tant sur le plan historique que littéraire. Les jardins Renaissance italiens et, surtout, les jardins à la française y sont quelque peu injustement critiqués. Mais certains ne l'ont-ils pas mérité par leurs excès ? Même les jardins chinois, auxquels Walpole reconnaît bien des qualités et même des similitudes avec les jardins anglais : « les jardins de plaisance des empereurs chinois étaient disposés sur des principes semblables aux nôtres », lui semblent, à force d'ornementations excessives, ne donner pareillement : « d'autre idée que celle d'une affectation frivole. »

RENÉ DE CHATEAUBRIAND

L'exil dans la Vallée

Après son retour de Jérusalem et la publication du Génie du christianisme, *Chateaubriand écrivit, en juillet 1807 dans le* Mercure, *un article dénonçant l'assassinat du duc d'Enghien, fusillé à l'instigation de Bonaparte dans les fossés du château de Vincennes trois ans plus tôt. Provoquant la fureur de l'Empereur, qui, ainsi que nous l'apprend le poète romantique : « donna l'ordre de supprimer le* Mercure *et de m'arrêter. Ma propriété périt : ma personne échappa par miracle : Bonaparte eut à s'occuper du monde ; il m'oublia, mais je demeurai sous le poids de la menace. » C'est alors que Chateaubriand se réfugia à la Vallée-aux-Loups, où il planta des arbres et put s'atteler, entre autres ouvrages, à la rédaction de ses célèbres* Mémoires.

La Vallée-aux-Loups, près d'Aulnay,
ce 4 octobre 1811.

Il y a quatre ans qu'à mon retour de la Terre-Sainte, j'achetai près du hameau d'Aulnay, dans le voisinage de Sceaux et de Chatenay, une maison de jardinier, cachée parmi des collines couvertes de bois. Le terrain inégal et sablonneux dépendant de cette maison, n'était qu'un verger sauvage au bout duquel se trouvait une ravine et un taillis de châtaigniers. Cet étroit espace me parut propre à renfermer mes longues espérances : *spatio brevi spem longam reseces*[1]. Les arbres que j'y ai plantés prospèrent, ils sont encore si petits que je leur donne de l'ombre quand je me place entre eux et le soleil. Un jour, en me rendant cette ombre, ils protégeront mes vieux ans comme j'ai protégé leur jeunesse. Je les ai choisis autant que je l'ai pu des divers climats où j'ai erré : ils rappellent mes voyages et nourrissent au fond de mon cœur d'autres illusions.

Si jamais les Bourbons remontent sur le trône, je ne leur demanderai, en récompense de ma fidélité, que de me rendre assez riche pour joindre à mon héritage la lisière des bois qui l'environnent : l'ambition m'est venue; je voudrais accroître ma promenade de quelques arpents : tout chevalier errant que je suis, j'ai les goûts sédentaires d'un moine : depuis que j'habite cette retraite, je ne crois pas avoir mis trois fois les pieds hors de mon enclos. Mes pins, mes sapins, mes mélèzes, mes cèdres tenant jamais ce qu'ils promettent, la Vallée-aux-Loups deviendra une véritable chartreuse. Lorsque Voltaire naquit à Chatenay, le 20 février 1694 *(il est né à Paris, le 21 novembre 1694 !)*, quel était l'aspect du coteau où se devait retirer, en 1807, l'auteur du *Génie du Christianisme* ?

Ce lieu me plaît; il a remplacé pour moi les champs paternels; je l'ai payé du produit de mes rêves et de mes veilles; c'est au grand désert d'Atala que je dois le petit désert d'Aulnay; et pour me créer ce refuge, je n'ai pas, comme le colon américain, dépouillé l'Indien des Florides. Je suis attaché à mes arbres; je leur ai adressé des élégies, des sonnets, des odes. Il n'y a pas un seul d'entre

1. « Nous durons si peu; retranche les longs espoirs », Horace (*Odes* 1, XI).

eux que je n'aie soigné de mes propres mains, que je n'aie délivré du ver attaché à sa racine, de la chenille collée à sa feuille ; je les connais tous par leurs noms comme mes enfants : c'est ma famille, je n'en ai pas d'autre, j'espère mourir auprès d'elle.

Ici, j'ai écrit les *Martyrs*, les *Abencerages*, l'*Itinéraire* et *Moïse* ; que ferai-je maintenant dans les soirées de cet automne ? Ce 4 octobre 1811, anniversaire de ma fête et de mon entrée à Jérusalem, me tente à commencer l'histoire de ma vie. L'homme qui ne donne aujourd'hui l'empire du monde à la France que pour le fouler à ses pieds, cet homme, dont j'admire le génie et dont j'abhorre le despotisme, cet homme m'enveloppe de sa tyrannie comme d'une autre solitude ; mais s'il écrase le présent, le passé le brave, et je reste libre dans tout ce qui a précédé sa gloire.

La plupart de mes sentiments sont demeurés au fond de mon âme, ou ne se sont montrés dans mes ouvrages que comme appliqués à des êtres imaginaires. Aujourd'hui que je regrette encore mes chimères sans les poursuivre, je veux remonter le penchant de mes belles années : ces *Mémoires* seront un temple de la mort élevé à la clarté de mes souvenirs.

Mémoires d'outre-tombe

Aujourd'hui, grâce aux soins quasi paternels de Chateaubriand, on peut encore admirer à la Vallée-aux-Loups des arbres, bicentenaires, plantés par l'auteur lui-même ! Chateaubriand, hélas, n'aura pas le loisir de voir « ses enfants » grandir longtemps. Parti pour de nouvelles aventures, à la Restauration, et après une vie pleine de péripéties en tout genre, il avouera, trois décennies plus tard, alors pauvre et malade, locataire d'un appartement en rez-de-chaussée, entre cour et jardin, de l'hôtel de Clermont-Tonnerre (120, rue du Bac), où il mourra en 1848 : « La Vallée-aux-Loups, de toutes choses qui me sont échappées, est la seule que je regrette ; il est écrit que rien ne me restera. Après ma Vallée perdue, j'avais planté l'*Infirmerie de Marie-Thérèse*, et je viens pareillement de la quitter. Je défie le sort de m'attacher à présent au moindre morceau de terre ; je n'aurai, dorénavant, pour jardin que ces avenues honorées de si beaux noms autour des Invalides, et où je me promène avec mes confrères manchots et boiteux. »

VICTOR HUGO

Le vert paradis des Feuillantines

Durant l'été 1809, Sophie Trébuchet, plus ou moins séparée de son mari le général Hugo, aménage, avec ses trois garçons, impasse des Feuillantines, dans le quartier du Val-de-Grâce à Paris. Victor, le cadet, a alors sept ans. Émerveillement des enfants face au vaste jardin à l'abandon de l'ancien couvent, vendu à la Révolution comme bien national. Victor Hugo puisera là ses plus durables souvenirs et y développera un sentiment aigu pour la nature et la liberté. Ajoutons que c'est également aux Feuillantines qu'il s'éveillera à l'amour avec sa petite voisine et compagne de jeux, Adèle Foucher, qu'il épousera en 1822. Enfin, si l'on précise encore que depuis le jardin on apercevait le dôme du Panthéon, où à sa mort, en 1885, le poète sera directement transféré, on peut se demander si dans ce lieu originel n'étaient déjà pas contenues toutes les données essentielles de son incomparable destin !

CE QUI SE PASSAIT AUX FEUILLANTINES VERS 1813

[...]
Puisqu'enfin vous voilà sondant mes destinées,
Et que vous me parlez de mes jeunes années,
De mes premiers instincts, de mon premier espoir,
Écoutez, doux amis, qui voulez tout savoir !

J'eus dans ma blonde enfance, hélas ! trop éphémère,

trois maîtres : – un jardin, un vieux prêtre et ma mère.

Le jardin était grand, profond, mystérieux,
Fermé par de hauts murs aux regards curieux,
Semé de fleurs s’ouvrant ainsi que les paupières,
Et d’insectes vermeils qui couraient sur les pierres ;
Plein de bourdonnements et de confuses voix ;
Au milieu, presque un champ, dans le fond, presque un
bois.
Le prêtre, tout nourri de Tacite et d’Homère,
Était un doux vieillard. Ma mère – était ma mère !

Ainsi je grandissais sous ce triple rayon.

[...]

C’est dans ces moments-là que le jardin paisible,
La broussaille où remue un insecte invisible,
Le scarabée ami des feuilles, le lézard
Courant au clair de lune au fond du vieux puisard,
La faïence à fleur bleue où vit la plante grasse,
Le dôme oriental du sombre Val-de-Grâce,
Le cloître du couvent, brisé, mais doux encor,
Les marronniers, la verte allée aux boutons-d’or,
La statue où sans bruit se meut l’ombre des branches,
Les pâles liserons, les pâquerettes blanches,
Les cent fleurs du buisson, de l’arbre, du roseau,
Qui rendent en parfums ses chansons à l’oiseau,
Se mirent dans la mare ou se cachent dans l’herbe,
Ou qui, de l’ébénier chargeant le front superbe,
Au bord des clairs étangs se mêlant au bouleau,
Tremblent en grappes d’or dans les moires de l’eau,

Et le ciel scintillant derrière les ramées,
Et les toits répandant de charmantes fumées,
C'est dans ces moments-là, comme je vous le dis,
Que tout ce beau jardin, radieux paradis,
Tous ces vieux murs croulants, toutes ces jeunes roses,
Tous ces objets pensifs, toutes ces douces choses,
Parlèrent à ma mère avec l'onde et le vent,
Et lui dirent tout bas : – « Laisse-nous cet enfant ! »

Les Rayons et les Ombres – XIX

Dans ce long poème, édité en 1840, et titré *Ce qui se passait aux Feuillantines vers 1813*, Hugo nous apprend que l'éducation dispensée par le vieux précepteur étant jugée insuffisante par sa mère, celle-ci songeait sérieusement à le mettre en pension au collège, comme ses frères. Finalement, entendant « les conseils de toute la nature », sa mère : « m'épargnant d'ennuyeuses prisons, /confia ma jeune âme à leurs douces leçons. » Ce ne fut que partie remise. Fin 1813, en effet, la ville de Paris, désirant prolonger la rue d'Ulm, réquisitionna les terrains des Feuillantines. Dès lors, Hugo, chassé du paradis, avec toute sa famille, goûta là, également, aux prémices de l'exil... À la fin du XIXe siècle, un lycée remplaça l'ancien couvent. Seule une plaque apposée sur le bâtiment, au numéro 8 de la rue des Feuillantines, évoque aujourd'hui le séjour du jeune poète. Le couvent, qui a donné son nom au quartier, avait été fondé en 1626 par Anne d'Autriche, épouse de Louis XIII.

GEORGE SAND

Le goût de la botanique

L'âge venant, et après une vie riche en évènements, rencontres et aventures de toutes sortes, agrémentée de nombreux voyages, « la bonne dame de Nohant » retourna vivre, et mourir, dans la maison de son enfance, héritée de sa grand-mère paternelle, Aurore Dupin, fille naturelle du maréchal Maurice de Saxe. Dans le vaste parc entourant la demeure berrichonne, George Sand planta deux cèdres à la naissance de ses enfants, Maurice et Solange. Le jardin, lui, fit toujours l'objet de ses plus grands soins. Représentant pour elle un monde en réduction où, inlassablement, elle tenta d'acclimater, avec plus ou moins de bonheur, des espèces végétales en provenance de tous les continents.

À ÉTIENNE GEOFFROY-SAINT-HILAIRE

Nohant, 30 avril 1837.

Après avoir osé m'élever dans ces régions si au-dessus de mon essor, je retombe naturellement sur mon terrain en vous suppliant de m'envoyer des graines de fleurs. J'adore la couleur, la forme et le parfum. Est-ce que vous penserez, en promenant vos belles rêveries dans les serres Newman de ramasser au hasard quelques valves au temps de la maturité ? peut-être que oui ; les grandes intelligences sont accessibles aux puériles demandes des enfants et des femmes. Il y a en elles une bonté paternelle qui rassure la faiblesse. Ainsi donc il y a au bout de l'ancienne serre, en dehors, une plante grimpante sur des fils de fer, plante que l'on m'a dit être chinoise, et dont je ne sais pas le nom, mais qui a des grappes bleues et que les jardiniers m'ont dit être facile à acclimater. Cette belle plante m'a fait tant d'envie que si j'avais été grosse, mon enfant en aurait eu sur le nez. Si je pouvais en faire grimper à ma fenêtre, jugez quel plaisir j'aurais en outre à la tenir de vous. – Le portrait est dans ma chambre, encadré avec les honneurs qui lui sont dus.

À SOLANGE CLÉSINGER

Nohant, fin 1871.

Tes dédains pour la botanique sont des raisons de paresseuse. La nature ne classe pas, mais elle est *classifiable*. Elle suit une ligne d'invention que nous pouvons constater et qui est d'une admirable logique dans sa fécondité toujours originale. Si de lourds savants ont marché sur elle avec de gros sabots, des génies de 1er ordre ont su la comprendre. Linné est un grand philosophe et un grand poète. Il a eu le coup d'œil de l'aigle avec la méthode austère du savant. Ses noms sont presque tous beaux. On peut encore suivre sa méthode dans ses grands aperçus et garder ses aphorismes comme de hautes vérités. La botanique est une étude charmante qui ouvre les yeux de l'artiste et le rend plus artiste. En 8 jours et tout seul, avec un livre élémentaire, on peut non pas la savoir, on ne possède pas une science sans de longues études et une solide mémoire, mais être à même de la comprendre et de trouver dans des livres plus détaillés tout le détail qu'on veut s'approprier jour par jour.

Apprendre le vocabulaire descriptif et l'appliquer aux parties de la plante qu'on a sous les yeux, tout est là. Une fois en possession de ces éléments on ouvre *la clé* qui se trouve au commencement de tous les ouvrages, on examine à la loupe si la plante est petite, et en dix minutes on trouve son nom, son habitat et ses habitudes. Seulement il faut autant que possible l'avoir entière, racines, fleurs et fruits. Si tu veux essayer, la flore de *Decaisne* et *Lemabout* est très commode pour la France, l'Europe et les exotiques.

Je connais assez bien une grande partie des phanérogames du pays que tu habites à présent. Je t'engage, si tu n'y as pas été, à voir le jardin de Mr Turret à la pointe d'Antibes. C'est le plus beau qui existe en tant que jardin bien situé et bien aménagé.

L'orchis le plus intéressant de son littoral est l'ophrys jaune, *Lutoea*. Il est rare et la saison est passée. Je connais l'eucalyptus et sa fleur en herbier. Mais je ne l'ai pas vu fleurir. Mets-en quelques fleurs en herbier.

Correspondance

Distantes de plus de trois décennies, ces deux lettres, parmi tant d'autres sur ce sujet, témoignent du goût réel de George Sand pour la botanique. Recourant tantôt à la séduction, avec le savant du Muséum d'histoire naturelle, tantôt au didactisme autoritaire, vis-à-vis de sa fille, qui avait épousé le sculpteur Clésinger, elle parvenait toujours à obtenir les échantillons convoités. De fait, dès le 2 mai 1837, Geoffroy-Saint-Hilaire lui envoya, depuis le Jardin des Plantes de Paris, une glycine « chinensis », alors très rare, ainsi qu'une aristoloche syphon. Sa fille habitait à Cannes, où l'eucalyptus, le mimosa, les palmiers... venaient tout juste de faire leur apparition. Dans son livre de souvenirs, Juliette Adam, qui avait accueilli George Sand dans sa propriété de Golfe-Juan, en 1868, confirme : « Dans nos promenades, Mme Sand nous fait courir, Alice et moi, pour lui cueillir des fleurs et des plantes, cela nous amuse beaucoup. Elle nous remercie avec tant de joie lorsque nous lui apportons une rareté ! Un jour, dans une excursion au cap d'Antibes, je grimpe au phare de Notre-Dame et, comme elle est assise, je jette sur sa jupe ma récolte. Elle pousse des exclamations victorieuses, appelle Maurice. J'ai trouvé une fleur qu'on ne trouve qu'en Judée ! "Vous entendez *Juilliette*, – on m'appelle Juillette, – *qu'en Judée !* me dit Mme Sand. Il faut à tout prix me retrouver la plante." Je cours, je cherche, je vais, [...] je compare et je crie enfin. Je l'ai !!! Mme Sand et Maurice s'empressent, arrachent la touffe rarissime avec grand soin et on l'envoie à Nohant pour qu'elle y soit plantée comme les autres trouvailles faites dans tous les coins où Mme Sand a voyagé. » Ne convient-il pas à l'amateur de botanique, et de littérature, de faire le pèlerinage de Nohant ?

STÉPHANE MALLARMÉ

Le jardin mode d'emploi

De septembre à décembre 1874, Stéphane Mallarmé (1842-1898) dirigea une revue destinée à un public de femmes élégantes et cultivées, La Nouvelle Mode, gazette du Monde et de la Famille, *dont il n'y eut que huit livraisons. Sous divers pseudonymes, Mallarmé en rédigeait tous les articles : dernières toilettes de Paris, bijoux, menus, décoration, jardinage, critiques théâtrales, musicales et littéraires, réponses au courrier des lectrices... Dans l'article reproduit ci-dessous, il expliquait à ses distinguées lectrices, principalement provinciales, comment ornementer leur jardin, sur le modèle des décorations florales du parc Monceau.*

UNE CORBEILLE DE JARDIN AU MOIS D'AOÛT

Une corbeille d'Août ! désir dont l'exécution paraît difficile. Le soleil, qui a fait fleurir le jardin, l'a fané. Que faire ? Ceci : simplement profiter de la couleur même et des défauts de la saison pour en revêtir les parterres. Idée, très juste, et très exacte, qui n'était venue à personne avant d'être mise en pratique par le Jardinier de la Ville de Paris. Une vraie corbeille de plein été sera celle qui tirera de la nature même, de ses plantes, l'aspect poudreux, vaincu et pâli par la chaleur, que doit avoir toute chose à cet instant.

Tel, ce que révèle la première plate-bande à droite, à qui entre au Parc par l'Avenue de la Reine-Hortense.

La lassitude entière de l'heure est exprimée par la *Centaurea Candidissima*, feuillage pâle et mat, presque blanchi de poussière, et négligemment le même sur ses deux faces chiffonnées. Tout l'effet de la corbeille se passe entre cette plante et une autre : l'*Obelia erineus*, qui, sèche et délicate, elle, avec ses fleurettes d'un bleu dur, va, par des interstices, de la bordure ovale se perdre vers le sommet du tertre. Ton principal : terne ; le raviver maintenant. Quelques taches, brusquement et simplement rouges et de feu, sont nécessaires : voici le *Pelargonium Diogène* (rouge), dont les cinq pétales, consumées et un peu défaites (*sic*), font aussi place à la feuille décorative du *Coleus Beauté de Vilemore*, vineuse et verte et comme atteinte déjà par l'automne.

Tout cela, jeté sans un dessin précis, rencontre une harmonie qui se fait toute seule et brave, habilement parée de leur teinte même, les midis et les après-midis d'août. Le grand soleil de Touraine ou de Provence, sous quel ciel français qu'on se plaise à reproduire ce motif d'horticulture, lui sied : près d'une balustrade de pierre sèche ou d'un perron, au milieu d'un gazon anglais, si l'on veut une opposition avec la fraîcheur.

Quatre plantes presque ordinaires (car la plate-bande atteint, selon la grandeur, le prix d'un louis ou de deux) : et un aspect bizarre et nouveau dans nos jardins ; entrevu déjà chez les Anglais, sans que toutefois l'impression en ait encore été, je crois, comme ici, expliquée.

La dernière mode

C'est en 1874, également, que Stéphane Mallarmé, professeur d'anglais à Paris, découvre sa maison de Valvins, à Vulaines-sur-Seine (aux environs de Fontainebleau). Celui que ses pairs du Parnasse baptisèrent le « Prince des Poètes » y séjournera régulièrement durant les vacances scolaires, avant de s'y installer définitivement à sa retraite, en 1893. Il y mourra cinq ans plus tard. Cette villégiature fut pour lui un perpétuel enchantement : « C'est une musique d'eau, de lumière et de verdure que Valvins… » écrivit-il, en 1888, à son ami Édouard Dujardin. Dans une lettre, datée du 27 mai 1897, adressée à sa femme et à sa fille restées à Paris, on le découvre tout entier livré à sa passion : « Tous les matins je me promène avec le sécateur et fais leur toilette aux fleurs, avant la mienne… » Rachetés en 1985 par le département de Seine-et-Marne, la maison et le jardin, rénovés le plus fidèlement possible en l'état dans lequel les avait laissés Mallarmé, sont désormais ouverts au public : meubles, manuscrits et roses trémières anciennes de ce délicieux jardin de curé, valent vraiment le détour. Le poète repose dans le petit cimetière voisin de Samoreau.

COLETTE

Une nature belle à en mourir!

En 1926, Colette acquit « La Treille Muscate » à Saint-Tropez. Cette villégiature lui permit de découvrir la végétation et le climat enchanteurs de la Méditerranée en été. Dans La Naissance du jour, *livre rédigé à l'époque, on retrouve une Colette vieillissante et en mal d'amour, mais toujours aussi sensuelle face à la vie et à la nature : un don que lui a transmis Sido, sa mère, largement évoquée dans ces pages où l'auteur, nostalgique, se souvient également de son jardin d'enfance à Saint-Sauveur-en-Puisaye.*

Est-ce ma dernière maison ? Je la mesure, je l'écoute, pendant que s'écoule la brève nuit intérieure qui succède immédiatement, ici, à l'heure de midi. Les cigales et le clayonnage neuf qui abrite la terrasse crépitent, je ne sais quel insecte écrase de petites braises entre ses élytres, l'oiseau rougeâtre dans le pin crie toutes les dix secondes, et le vent de ponant qui cerne, attentif, mes murs, laisse en repos la mer plate, dense, dure, d'un bleu rigide qui s'attendrira vers la chute du jour.

Est-ce ma dernière maison, celle qui me verra fidèle, celle que je n'abandonnerai plus ? Elle est si ordinaire qu'elle ne peut pas connaître de rivales.

J'entends tinter les bouteilles qu'on reporte au puits, d'où elles remonteront, rafraîchies, pour le dîner de ce soir. L'une flanquera, rose de groseille, le melon vert ;

l'autre, un vin de sable trop chaleureux, couleur d'ambre, convient à la salade – tomates, piments, oignons, noyés d'huile – et aux fruits mûrs. Après le dîner, il ne faudra pas oublier d'irriguer les rigoles qui encadrent les melons, et d'arroser à la main les balsamines, les phlox, les dahlias, et les jeunes mandariniers qui n'ont pas encore de racines assez longues pour boire seuls au profond de la terre, ni la force de verdoyer sans aide sous le feu constant du ciel... Les jeunes mandariniers... plantés pour qui ? Je ne sais. Peut-être pour moi... Les chats attaqueront par des bonds verticaux les phalènes, dans l'air de dix heures bleu de volubilis. Le couple de poules japonaises, assoupi, pépiera comme un nid, juché sur le bras d'un fauteuil rustique. Les chiens, déjà retirés du monde, penseront à l'aube prochaine, et j'aurai le choix entre le livre, le lit, le chemin de côte jalonné de crapauds flûteurs...

Demain, je surprendrai l'aube rouge sur les tamaris mouillés de rosée saline, sur les faux bambous qui retiennent, à la pointe de chaque lance bleue, une perle... Le chemin de côte qui remonte de la nuit, de la brume et de la mer... Et puis, le bain, le travail, le repos... Comme tout pourrait être simple... Aurais-je atteint ici ce que l'on ne recommence point ? Tout est ressemblant aux premières années de ma vie, et je reconnais peu à peu, au rétrécissement du domaine rural, aux chats, à la chienne vieillie, à l'émerveillement, à une sérénité dont je sens de loin le souffle – miséricorde humidité, promesse de pluie réparatrice suspendue sur ma vie encore orageuse – je reconnais le chemin du retour. Maint stade est accompli, dépassé. [...]

Nous avons bien dîné. Nous nous sommes promenées sur le chemin de côte, le long de sa région la plus peuplée, l'étroit marais fleuri où l'eupatoire, le statice, la scabieuse apportent trois nuances de mauve, le grand jonc fleuri sa grappe de graines brunes comestibles, le myrte sa blanche odeur, blanche, blanche, amère, qui heurte les amygdales, blanche à provoquer la nausée et l'extase, – le tamaris son brouillard rose, le roseau sa massue à fourrure de castor. Ce lieu déborde de vie, surtout à la pointe du jour et au coucher des oiseaux. La fauvette des roseaux glisse, pour le plaisir, sans cesse, le long des hampes, et éclate chaque fois de joie. Les hirondelles rasent la mer, les mésanges ivres de courage écartent de ce paradis des troupes de geais, de guêpes altérées, de chats braconniers, et, dans le milieu du jour, de lourds *Morios* traînant le velours épais de leurs ailes, des *Flambés* jaunes et rayés comme des tigres, des *Machaons* à nervures gothiques survolent la petite lagune douceâtre, salée de mer, sucrée de racines et d'herbe, et viennent pomper le miel des chanvres roses, des lotiers et des menthes, chacun d'eux voluptueusement attaché à sa fleur.

Le soir, la vie animale se cache un peu, s'éteint à peine. Que de rires secrets, de voltes rapides sous mes pas, que de fuites en éclair devant l'élan des deux chats qui me suivaient ! C'est qu'en livrée de nuit ceux-ci sont redoutables. La douce chatte perce d'un trait les buissons, son puissant mâle réveillé lève en galopant les pierres du chemin comme un cheval, et tous deux, sans faim, croquent les sphinx aux yeux rougeoyants.

Le frais du soir s'accompagne, ici, pour moi, d'un frisson qui ressemble à un rire, d'une robe d'air nouveau sur la peau libre, d'une clémence qui se resserre plus étroitement sur moi à mesure que la nuit se ferme. Si je me fiais à cette mansuétude, cet instant serait mon instant de grandir, de braver, d'oser, de mourir...

La Naissance du jour
© Éditions Flammarion, 1930

Par la suite Colette, qui aura contribué à la renommée mondiale de Saint-Tropez, bien avant Vadim et Bardot, fuira ces lieux devenus trop tapageurs à son goût. Sa « dernière maison » sera son appartement du Palais-Royal, dans le voisinage de Jean Cocteau, où, devenue impotente, depuis ses fenêtres, elle pourra encore jouir de l'un des plus beaux jardins parisiens. Dans son dernier livre, *Le Fanal bleu*, rédigé en 1948, elle s'enchante encore, quoique recluse, des derniers bonheurs que lui offre la vie : « Tout m'est spectacle ici, surtout les enfants. Beaucoup sont charmants, la plupart sont d'une frappante agilité. Des corps grêles courent plus vite que des corps robustes. Leur adresse à lancer, à recevoir la balle me retient comme un divertissement sportif. »

AMÉLIE NOTHOMB

Nippon *paradise*

Dieu est une femme, et en plus il est belge ! À deux ans et demi, Amélie Nothomb, en effet, affirme qu'elle fût rien moins que Dieu en personne : « Ce qui expliquait pas mal de désastres depuis l'aube des temps. Il n'y a là rien d'étonnant : Adam et Ève parlaient flamand, comme le prouva scientifiquement un prêtre du plat pays, il y a quelques siècles. » Mais en ce temps-là, au début des années 70, seule sa gouvernante japonaise, Nishio-san, la reconnaissait pour telle et lui rendait l'hommage qui lui était dû, dans le jardin de ses parents, diplomates belges en poste au pays du Soleil-Levant.

J'étais japonaise.

À deux ans et demi, dans la province du Kansai, être japonaise consistait à vivre au cœur de la beauté et de l'adoration. Être japonaise consistait à s'empiffrer des fleurs exagérément odorantes du jardin mouillé de pluie, à s'asseoir au bord de l'étang de pierre, à regarder, au loin, les montagnes grandes comme l'intérieur de sa poitrine, à prolonger en son cœur le chant mystique du vendeur de patates douces qui traversait le quartier à la tombée du soir.

À deux ans et demi, être japonaise signifiait être l'élue de Nishio-san. À tout instant, si je le lui demandais, elle abandonnait son activité pour me prendre dans ses bras, me dorloter, me chanter des chansons où il était question de chatons ou de cerisiers en fleur.

[...]

Elle s'asseyait et me berçait comme une poupée. Je prenais un air de souffrance sans autre motif que mon désir d'être consolée : Nishio-san me consolait longuement de mes chagrins inexistants, jouant le jeu, me plaignant avec un art consommé.

Puis elle suivait d'un doigt délicat le dessin de mes traits et en vantait la beauté qu'elle disait extrême : elle s'exaltait de ma bouche, de mon front, de mes joues, de mes yeux, et concluait qu'elle n'avait jamais vu une déesse au visage aussi admirable.

C'était une bonne personne.

Et je restais dans ses bras inlassablement, et j'y serais restée toujours, pâmée de son idolâtrie. Et elle se pâmait de m'idolâtrer ainsi, prouvant de la sorte la justesse et l'excellence de ma divinité.

[...]

Quand je me promenais dans la rue en donnant la main à la principale prêtresse de mon adoration, j'attendais avec sérénité les acclamations des badauds. Je savais qu'ils ne manqueraient jamais de se récrier sur mes charmes.

Cependant, cette religion ne me plaisait jamais autant qu'entre les quatre murs du jardin : ce dernier était mon temple. Une portion de terrain plantée de fleurs et d'arbres et entourée d'une enceinte : on n'a rien inventé de mieux pour réconcilier avec l'univers.

Le jardin de la maison était nippon, ce qui en faisait un jardin pléonastique. Il n'était pas zen mais son étang de pierre, sa sobriété et le choix de sa toison disaient le pays qui, plus religieusement que les autres, a défini le jardin.

L'aire géographique de la croyance en moi atteignait son plus haut degré de densité dans le jardin. Les murs élevés et chapeautés de tuiles japonaises qui le cloîtraient me dérobaient aux regards des laïcs et prouvaient que nous étions en un sanctuaire.

Quand Dieu a besoin d'un lieu pour symboliser le bonheur terrestre, il n'opte ni pour l'île déserte, ni pour la plage de sable fin, ni pour le champ de blé mûr, ni pour l'alpage verdoyant ; il élit le jardin.

Je partageais son opinion : il n'y a pas meilleur territoire pour régner. Fieffée du jardin, j'avais pour sujets des plantes qui, sur mon ordre, s'épanouissaient à vue d'œil. C'était le premier printemps de mon existence et je n'imaginais pas que cette adolescence végétale connaîtrait un apogée suivi d'un déclin.

Métaphysique des tubes
© Éditions Albin Michel, 2000

Hélas ! La mutation de son père, quelques mois plus tard, dans un autre pays, mit fin à l'état de béatitude absolue de la petite Amélie. Le jardin traditionnel Zen est né en Chine au XIIe siècle. À l'origine, il servait de lieu de méditation et de pratique aux moines bouddhistes. Dans sa conception, l'homme ne domine pas la nature mais s'y conforme et s'y intègre. Il atteindra son plein essor au Japon aux XVe et XVIe siècles. De dimension souvent fort restreinte, il se présente comme un paysage naturel symbolique, séjour idéal divin, organisé autour de rochers et de pièces d'eau.

JARDINS PUBLICS

LOUIS XIV

Le jardin c'est Moi !

La magnificence des jardins dessinés par Le Nôtre à Vaux-le-Vicomte pour Nicolas Fouquet, et le faste des festivités données par celui-ci lors de la visite de son jeune roi, en août 1661, entraînèrent la disgrâce définitive du surintendant. Louis XIV, piqué au vif dans son orgueil, voulut des jardins encore plus beaux. Les travaux du parc et des jardins de Versailles, sans cesse remodelés, durèrent près d'un demi-siècle. Le roi en supervisa chaque détail. Organisés autour d'un axe central s'étendant à perte de vue, les jardins de Versailles, expression du pouvoir absolu du monarque, étaient un théâtre, ouvert à de certaines occasions au public, et dont les acteurs n'étaient autres que les personnages de la cour. Entre 1689 et 1705, Louis XIV rédigea six versions différentes de Manière de montrer les jardins de Versailles. *La première, donnée ici, avait été écrite en l'honneur de la visite de la Reine d'Angleterre, Marie-Béatrix d'Este.*

En sortant des bains, aller sur le milieu de l'Orangerie ; après du costé du labirinte, y faire une pause pour considérer les orangers et le chasteau.

Passer sur le haut de Latonne, y faire une pause, aller au Marais, où il y aura du fruit et des glaces.

Descendre à Cérès et à Flore.

Entrer aux bains d'Apollon, en faire le tour.

Aller à l'Ancellade, sortir par en bas pour aller à la salle du Conseil.

Revenir passer à Flore.
Entrer à la Montagne.
Aller au Théâtre passant par Cérès.
Venir repasser devant le marais sans y entrer.
Aller aux trois fontaines par le haut, y faire trouver des glaces.
Descendre pour aller à Neptune, faire le tour du Dragon.
Entrer à l'arc de triomphe.
Repasser à Neptune, faire le tour en dehors, faire trouver les carosses à la grille qui va à Trianon.

Manière de montrer les jardins de Versailles
le 19 juillet 1689, à 6 heures du soir

Texte de circonstance, cette version sera suivie de plusieurs itinéraires détaillés proposés aux promeneurs par Louis XIV, qui faisait de ses jardins une affaire toute personnelle. Aujourd'hui, de nombreux guides tentent encore d'expliquer le plus complètement possible, aux visiteurs contemporains, la complexité des jardins de Versailles, véritable labyrinthe de verdure, de fontaines et de sculptures, où les œuvres des plus fameux artistes du grand siècle renvoient toutes à une symbolique qui prend sa source dans la mythologie grecque.

SAINT-SIMON

Le jardinier du pape, du roi et des particuliers

Véritable « père » du jardin à la française, et notamment de ceux du château de Versailles, André Le Nôtre (1613-1700) excellait, contrairement à Louis XIV, par sa modestie. Une modestie inversement proportionnelle à son immense talent créatif. Il se voulait avant tout un simple jardinier. Ce qui n'empêcha pas le très sélectif duc de Saint-Simon de lui consacrer une nécrologie dans ses Mémoires.

Le Nôtre mourut après avoir vécu quatre-vingt-huit ans dans une santé parfaite, [avec] sa tête et toute la justesse et le bon goût de sa capacité ; illustre pour avoir le premier donné les divers dessins de ces beaux jardins qui décorent la France, et qui ont tellement effacé la réputation de ceux d'Italie qui, en effet, ne sont plus rien en comparaison, que les plus fameux maîtres en ce genre viennent d'Italie apprendre et admirer ici. Le Nôtre avait une probité, une exactitude, et une droiture qui le faisait estimer et aimer de tout le monde. Jamais il ne sortit de son état ni ne se méconnut, et fut toujours parfaitement désintéressé. Il travaillait pour les particuliers comme pour le roi, et avec la même application ; ne cherchait qu'à aider la nature, et à réduire le vrai beau aux moins de frais qu'il pouvait ; il avait une naïveté et une vérité charmante. Le pape pria le roi de le lui prêter pour quelques mois. En entrant dans la chambre du pape, au lieu de se mettre à genoux, il courut à lui. « Eh! Bonjour, lui dit-il, mon révérend père, en lui sautant au cou et l'embrassant et le baisant des deux côtés. Eh! que vous avez bon visage, et que je suis aise de vous voir et en si bonne santé! » Le pape, qui était Clément X Altieri, se mit à rire de tout son cœur. Il fut ravi de cette bizarre entrée, et lui fit mille amitiés.

À son retour le roi le mena dans ses jardins de Versailles, où il lui montra ce qu'il y avait fait depuis son absence. À la colonnade il ne disait mot. Le roi le pressa d'en dire son avis : « Eh bien! sire, que voulez-vous que je vous dise? d'un maçon vous avez fait un jardinier (c'était Mansart); il vous a donné un plat de son métier. » Le roi se tut et chacun sourit; et il était vrai que ce morceau d'architecture, qui n'était rien moins qu'une fontaine et qui la voulait être, était fort déplacé dans un jardin. Un mois avant sa mort, le roi, qui aimait à le voir et à le faire causer, le mena dans ses jardins, et, à cause de son grand âge, le fit mettre dans une chaise que des porteurs roulaient à côté de la sienne, et Le Nôtre disait là : « Ah! mon pauvre père, si tu vivais et que tu pusses voir un pauvre jardinier comme moi, ton fils, se promener en chaise à côté du plus grand roi du monde, rien ne manquerait à ma joie. » Il était intendant des bâtiments et logeait aux Tuileries, dont il avait soin du jardin, qui est de lui, et du palais. Tout ce qu'il a fait est encore fort au-dessus de tout ce qui a été fait depuis, quelque soin qu'on ait pris de l'imiter et de travailler d'après lui le plus qu'il a été possible. Il disait des parterres qu'ils n'étaient bons que pour les nourrices qui, ne pouvant quitter leurs enfants, s'y promenaient des yeux et les admiraient du deuxième étage. Il y excellait néanmoins comme dans toutes les parties des jardins, mais il n'en faisait aucune estime, et il avait raison, car c'est où on ne se promène jamais.

Mémoires

Fils et petit-fils de jardiniers, André Le Nôtre, formé par son père, premier jardinier de Louis XIII aux Tuileries, reçut une éducation artistique, en peinture dans l'atelier de Simon Vouet au Louvre, et en architecture. Il travailla pour Gaston d'Orléans, au Luxembourg, avant d'hériter de la charge paternelle aux Tuileries, dont il remodela sensiblement le dessin. Mais c'est à Vaux-le-Vicomte qu'il put affirmer véritablement son talent, avant de connaître la consécration, en 1662, lorsque Louis XIV lui confia la responsabilité du parc de Versailles. On lui doit plusieurs autres jardins, tels ceux de Fontainebleau, Marly, Meudon, Saint-Cloud, Saint-Germain-en-Laye ou Sceaux. Son style s'imposa jusqu'au milieu du XVIIIe siècle et s'étendit à toute l'Europe.

MARCEL PROUST

Jardins de lecture

Sous le jeune Marcel, traducteur, avec l'aide de sa mère, de Ruskin, perçait déjà le futur auteur de la Recherche... *Dans la longue préface qui précède sa traduction de* Sésame et les lys, *parue en 1906 au Mercure de France, et prenant prétexte que le sujet principal du livre de l'écrivain anglais est l'utilité de la lecture, Marcel Proust évoque, à sa manière, inimitable, ses souvenirs d'enfance de lecteur. La scène se passe du côté de Méséglise, chez sa grand-tante paternelle.*

Qui ne se souvient comme moi de ces lectures faites au temps des vacances; qu'on allait cacher successivement dans toutes celles des heures du jour qui étaient assez paisibles et assez inviolables pour pouvoir leur donner asile. [...]

Je n'étais pas depuis bien longtemps à lire dans ma chambre qu'il fallait aller au parc, à un kilomètre du village. Mais, après le jeu obligé, j'abrégeais la fin du goûter apporté dans des paniers et distribué aux enfants au bord de la rivière, sur l'herbe où le livre avait été posé avec défense de le prendre encore. Un peu plus loin, dans certains fonds assez incultes et mystérieux du parc, la rivière cessait d'être une eau rectiligne et artificielle, couverte de cygnes et bordée d'allées où souriaient des statues, et par moment sautelante de carpes, se précipitait, passait à une allure rapide la clôture du parc, devenait une rivière dans le sens géographique du mot – une rivière qui devait avoir un nom – et ne tardait pas à s'épandre (la même vraiment qu'entre les statues et sous les cygnes) entre des herbages où dormaient des bœufs et dont elle noyait les boutons d'or, sortes de prairies rendues par elle assez marécageuses et qui, tenant d'un côté au village par des tours informes, restes, disait-on, du moyen âge, joignaient de l'autre, par des chemins montants d'églantiers et d'aubépines, la « nature » qui s'étendait à l'infini, des villages qui avaient d'autres noms, l'inconnu. Je laissais les autres finir de goûter dans le bas du parc, au bord des cygnes, et je montais en courant dans le labyrinthe, jusqu'à telle charmille où je m'asseyais, introuvable, adossé aux noisetiers taillés, apercevant le plant d'asperges, les bordures de fraisiers, le bassin où, certains jours, les chevaux faisaient monter l'eau en tournant, la porte blanche qui était la « fin du parc » en haut, et au-delà, les champs de bleuets et de coquelicots. Dans cette charmille le silence était profond et le risque d'être découvert presque nul, la sécurité rendue plus douce par les cris éloignés qui d'en bas m'appelaient en vain, quelquefois même se rapprochaient, montaient les premiers talus, cherchant partout, puis s'en retournaient, n'ayant pas trouvé ; alors plus aucun bruit ; seul de temps en temps le son d'or des cloches qui au loin, par-delà les plaines, semblait tinter derrière le ciel bleu, aurait pu m'avertir de l'heure qui passait ; mais surpris par sa douceur et troublé par le silence profond qui le suivait, je n'étais jamais sûr du nombre des coups. Ce n'était pas les cloches tonnantes qu'on entendait en rentrant dans le village – quand on approchait de l'église qui, de près, avait repris sa taille haute et raide, dressant sur le bleu du soir son capuchon d'ardoise ponctué de corbeaux – faire voler le son en éclats sur la place, « pour les biens de la terre ». Elles n'arrivaient au bout du parc que faibles et douces et ne s'adressant pas à moi, mais à toute la campagne, à tous les villages, aux paysans isolés dans leur champ, elles ne me forçaient nullement à lever la tête, elles passaient près de moi, portant l'heure aux pays lointains, sans me voir, sans me connaître et sans me déranger.

Préface à la traduction
des *Trésors des Rois* de John Ruskin

La nature, en général, et les jardins, en particulier, occupent une place de choix dans *À la Recherche du temps perdu* : plusieurs pages « impressionnistes » pour décrire un simple buisson d'églantines ! Sans parler des fameux catleyas. L'avenue Foch (ex-avenue de l'Impératrice) et le bois de Boulogne sont les lieux par excellence de la parade, de la foire aux vanités, où une frontière subtile s'établit entre ceux qui regardent et ceux qui sont regardés. Bagatelle, le Pré Catelan, le Jardin d'Acclimatation, le parc Monceau, les Tuileries ou les jardins des Champs-Élysées font également partie de la géographie récréative proustienne. Plus qu'un simple décor, ils font resurgir, à l'égal de la madeleine ou du pavé disjoint, des pans entiers de temps retrouvés dans le caléidoscope de la mémoire du narrateur : scènes d'enfance, lorsqu'il jouait avec Gilberte près du théâtre de guignol dans les jardins des Champs-Élysées. Évocations émues de sa mère et de sa grand-mère maternelle, défuntes, du temps où elles le menaient à la promenade, et où se mêlent les propres souvenirs du petit Marcel et ceux de son double fictionnel.

ANDRÉ GIDE

Jardin de fictions

À sa naissance, en 1869, les parents d'André Gide occupaient alors un appartement, rue de Médicis, dont l'auteur de Si le grain ne meurt *avoue ne plus se souvenir, à l'exception du balcon : « Je revois les dragons de papier, découpés par mon père, que nous lancions du haut de la place, jusqu'au jardin du Luxembourg, où les hautes branches des marronniers les accrochaient. » Plus tard, le petit Gide sera élève de l'École Alsacienne, rue d'Assas. C'est dire combien le « Luco », cher aux étudiants du Quartier latin, jouera un rôle déterminant, dès son plus jeune âge, dans l'imaginaire de l'écrivain. Il en fera même un « personnage » à part entière d'un de ses plus célèbres romans.*

Que Lucien fasse des vers, chacun s'en doute; pourtant Olivier est, je crois bien, le seul à qui Lucien découvre ses projets. Tous deux gagnèrent le bord de la terrasse.

– Ce que je voudrais, disait Lucien, c'est raconter l'histoire, non point d'un personnage, mais d'un endroit, – tiens, par exemple, d'une allée de jardin, comme celle-ci, raconter ce qui s'y passe – depuis le matin jusqu'au soir. Il y viendrait d'abord des bonnes d'enfants, des nourrices avec des rubans… Non, non… d'abord des gens tout gris, sans sexe ni âge, pour balayer l'allée, arroser l'herbe, changer les fleurs, enfin la scène et le décor avant l'ouverture des grilles, tu comprends ? Alors, l'entrée des nourrices. Des mioches font des pâtés de sable, se chamaillent ; les bonnes les giflent. Ensuite il y a la sortie des petites classes – et puis les ouvrières. Il y a des pauvres qui viennent manger sur un banc. Plus tard des jeunes gens qui se cherchent ; d'autres qui se fuient ; d'autres qui s'isolent, des rêveurs. Et puis la foule, au moment de la musique et de la sortie des magasins. Des étudiants, comme à présent. Le soir, des amants qui s'embrassent ; d'autres qui se quittent en pleurant. Enfin, à la tombée du jour, un vieux couple... Et, tout à coup, un roulement de tambour : on ferme. Tout le monde sort. La pièce est finie. Tu comprends : quelque chose qui donnerait l'impression de la fin de tout, de la mort... mais sans parler de la mort, naturellement.

– Oui, je vois ça très bien, dit Olivier qui songeait à Bernard et n'avait pas écouté un mot.

– Et ça n'est pas tout ; ça n'est pas tout ! Reprit Lucien avec ardeur. Je voudrais, dans une espèce d'épilogue, montrer cette même allée, la nuit, après que tout le monde est parti, déserte, beaucoup plus belle que pendant le jour ; dans le grand silence, l'exaltation de tous les bruits naturels : le bruit de la fontaine, du vent dans les feuilles, et le chant d'un oiseau de nuit. J'avais pensé d'abord à y faire circuler des ombres, peut-être des statues... mais je crois que ça serait banal ; qu'est-ce que tu en penses ?

– Non, pas de statues, pas de statues, protesta distraitement Olivier ; puis, sous le regard triste de l'autre : Eh bien, mon vieux, si tu réussis cela, ce sera épatant, s'écria-t-il chaleureusement.

Les Faux-Monnayeurs
© Éditions Gallimard, 1925

En France, les jardins publics sont une invention relativement récente : à peine plus d'un siècle et demi seulement. Auparavant, les jardins étaient essentiellement privés et agrémentaient les domaines royaux, seigneuriaux ou religieux. Mais il arrivait toutefois, du fait de la libéralité de leurs occupants, que certains d'entre eux soient ouverts au public. Sous certaines conditions, cependant. À la Révolution, la plupart de ces riches propriétés, devenues biens nationaux, furent morcelées, revendues, loties. Fort heureusement, un grand nombre de jardins historiques nous sont parvenus à peu près intacts, tels, par exemple, ceux des Tuileries ou du Luxembourg. Marie de Médicis, qui trouvait les Tuileries trop bruyantes et rêvait de se faire construire un palais dans le souvenir du palais Pitti de son enfance, chargea, en 1615, son architecte Salomon de Brosse de lui édifier un palais à l'italienne dans ce faubourg alors paisible et campagnard où elle avait acquis l'hôtel du duc François de Luxembourg, au voisinage du couvent des Chartreux. La conception du jardin fut confiée à Jacques Boyceau pour les parterres, Nicolas Deschamp pour les plantations et Thomas Francine pour les terrasses et les effets d'eau. Remanié par Le Nôtre, en 1635, puis sous Napoléon III, à cause du percement du boulevard Saint-Michel, notamment, ses dimensions ont été ramenées à environ 23 hectares. Mais malgré ces modifications successives et le renouvellement des plantations (platanes, tilleuls et marronniers ont remplacé les ormes de Marie de Médicis), il conserve toujours cette influence Renaissance, qui lui donne tout son charme.

FRANZ KAFKA

Jardin d'éternité

Étrange personnage récurrent dans l'œuvre de Franz Kafka que celui de Josef K. Un Rêve, *publié en revue en 1916, écrit vraisemblablement durant la même période que* Le Procès, *est un conte fantastique, qui n'est pas sans rappeler ceux de Edgar Allan Poe : plutôt un cauchemar, qui a pour cadre un singulier jardin !*

Josef K. fit un rêve :

C'était une belle journée et K. décidait d'aller se promener. Mais à peine avait-il fait deux pas qu'il se retrouvait dans le cimetière. Le tracé des allées y était très artificiel, avec des tournants peu pratiques, pourtant il parcourait l'une de ces allées en glissant, comme emporté par un courant rapide, mais en conservant fermement la position du vol plané. À une certaine distance il aperçut le monticule d'une tombe récemment creusée, où il décida de s'arrêter. Ce monticule exerçait une sorte de fascination sur lui, et il avait l'impression qu'il ne pourrait pas y arriver assez vite. Mais par moments il ne le distinguait presque plus, car il disparaissait sous des bannières dont les étoffes agitées battaient vivement les unes contre les autres ; on ne voyait pas les porte-étendard, mais il semblait régner là-bas une grande allégresse.

Ses regards étaient encore fixés au loin quand soudain

il aperçut le monticule en question à côté de lui, au bord de l'allée, voire déjà presque derrière lui. Il sauta en vitesse dans l'herbe. Comme l'allée continuait à défiler sous ses pieds, il perdit l'équilibre et tomba sur ces deux genoux, juste devant le monticule. De l'autre côté de la tombe se tenaient deux hommes qui soulevaient ensemble une pierre tombale ; dès que K. apparut, ils l'enfoncèrent dans la terre où elle se ficha, comme scellée. À cet instant sortit des buissons un troisième homme, que K. identifia aussitôt comme un artiste. Il ne portait qu'un pantalon et une chemise mal boutonnée ; il avait sur la tête un béret de velours ; il tenait à la main un crayon des plus ordinaires avec lequel, tout en s'approchant, il dessinait déjà des personnages dans l'air.

Muni de ce crayon, il commença tout en haut de la pierre ; elle était très grande, et il n'avait pas besoin de se pencher ; il devait juste s'avancer un peu, car il ne voulait pas marcher sur le monticule qui le séparait de la pierre. Il se dressa donc sur la pointe des pieds et s'appuya de la main gauche sur la pierre. Grâce à une manœuvre particulièrement subtile, il parvint à tracer des lettres dorées, avec ce crayon ordinaire ; il inscrivit : « Ci-gît »… Chacun des caractères était beau, d'un seul jet, bien gravé et parfaitement doré. Lorsqu'il eut écrit ces deux mots, il se retourna vers K. ; celui-ci, très curieux de le voir poursuivre l'inscription, se souciait à peine de cet homme et ne regardait que la pierre. En effet l'homme allait se remettre à écrire, mais il ne pouvait pas, quelque chose l'en empêchait ; il laissa retomber son crayon, et se retourna de nouveau vers K. Alors celui-ci regarda l'artiste à son tour et comprit qu'il était dans un grand embarras, sans pouvoir toutefois en formuler la cause. Toute sa vivacité l'avait quitté. K. lui aussi se sentit très embarrassé ; ils échangèrent des regards désemparés ; ils étaient en présence d'un affreux malentendu que ni l'un ni l'autre ne pouvait dissiper. Fort mal à propos, une petite cloche dans la chapelle du cimetière se mit à sonner ; mais l'artiste leva le bras, gesticula de la main, et elle s'arrêtant. Un instant plus tard, elle sonna de nouveau ; tout doucement cette fois, sans rien réclamer, et s'arrêtant bientôt ; comme si elle voulait juste vérifier sa sonorité. K. était désespéré de voir l'artiste dans cette situation, il fondit en larmes et sanglota longuement, en cachant son visage dans ses mains. L'artiste attendit que K. se fût apaisé ; puis, ne trouvant pas d'autres issues, il se remit à son inscription. Le premier petit trait qu'il grava fut un soulagement pour K., bien que l'artiste ne l'eut manifestement tracé qu'avec la plus vive répugnance ; d'ailleurs l'écriture n'était plus aussi belle, et surtout il semblait manquer d'or, le trait qui n'en finissait pas était pâle et sans fermeté, la seule qualité de la lettre fut sa grande taille. C'était un J. et il était presque terminé quand l'artiste donna un furieux coup de pied dans le monticule, ce qui fit voler la terre tout autour. Enfin K. comprit l'artiste ; il n'était plus temps d'implorer sa pitié ; avec tous ses doigts il se mit à creuser la terre, qui n'opposait presque pas de résistance ; tout semblait avoir été préparé ; c'était seulement pour l'apparence qu'une mince croûte recouvrait le sol ; juste au-dessous s'ouvrait un grand trou aux parois abruptes, dans lequel K., poussé doucement à basculer en arrière, s'abîma. Et tandis qu'en bas, redressant encore sa tête sur sa nuque, il était peu à peu absorbé par le gouffre insondable, son nom là-haut s'inscrivait sur la pierre, à toute allure et en lettres magnifiquement ornées.

Enchanté par ce spectacle, il se réveilla.

Un Rêve, in *Romans, récits, journaux*,
traduit par Brigitte Vergne-Cain et Gérard Rudent
© Librairie Générale Française, 2000

Rêve prémonitoire ! Ce n'est pourtant qu'en septembre 1917 que sera diagnostiquée la tuberculose pulmonaire qui emportera Kafka le 3 juin 1924, à l'âge de 41 ans. De santé chétive, pressentait-il sa mort prochaine ? Rien de moins paradoxalement pathétique et jubilatoire que ce texte de l'écrivain juif praguois, de langue allemande ! On sait que l'auteur de *La Métamorphose*, qui passa sa vie à rompre ses fiançailles, laissa pour instruction à son ami de vingt ans, Max Brod, un « homme au crayon » lui aussi, l'ordre de récupérer tous ses textes publiés ou manuscrits inédits et de les détruire. Ce que, fort heureusement, celui-ci ne fit pas ! Tout au contraire. Il contribua grandement à sa gloire posthume. À inscrire en lettres d'or le nom de Kafka, en somme. Dans son *Journal*, daté du dimanche 10 septembre 1911, Kafka, après une promenade au bois de Boulogne, à Paris, en compagnie de son inséparable Max, notait : « Les promenades dans les parcs laissent toujours un beau souvenir, on est heureux qu'il fasse encore grand jour, on se tient aux aguets afin de n'être pas surpris par l'obscurité, tout cela, et la fatigue, domine la manière de marcher et de regarder autour de soi. [...] On avance lentement, cela me rappelle les promenades que je faisais seul chaque dimanche, il y a quelques années. » *[traduction Marthe Robert]*

LOUIS ARAGON

Métaphysique du jardin

Un soir de printemps des années 20, André Breton, Marcel Noll et Louis Aragon décident d'aller s'encanailler loin des beaux quartiers, dans l'exotique parc des Buttes-Chaumont. Déambulations, surréalistes, qui inspireront à ce dernier de longues digressions (divagations ?) philosophiques sur « le sentiment de la nature », ponctuées de descriptions détaillées du parc et de la faune nocturne rencontrée.

Tout le bizarre de l'homme, et ce qu'il y a en lui de vagabond, et d'égaré, sans doute pourrait-il tenir dans ces deux syllabes : jardin. Jamais qu'il se pare de diamants ou souffle dans le cuivre, une proposition plus étrange, une plus déroutante idée ne lui était venue que lorsqu'il inventa les jardins. Une image de loisirs se couche dans les gazons, au pied des arbres. On dirait que l'homme s'y retrouve avec son mirage de jets d'eau et de petits graviers dans le paradis légendaire qu'il n'a point oublié entièrement. Jardins, par votre courbe, par votre abandon, par la chute de votre gorge, par la mollesse de vos bouches, vous êtes les femmes de l'esprit, souvent stupides et mauvaises, mais tout ivresse, tout illusion. Dans vos limites de fusains, entre vos cordeaux de buis, l'homme se défait et retourne à un langage de caresses, à une puérilité d'arrosoir. Il est lui-même l'arrosoir au soleil, avec sa chevelure fraîche. Il est le râteau et la pelle. Il est le morceau de caillou. Jardins vous ressemblez à des manchons de loutre, à des mouchoirs de dentelle, à des chocolats aux liqueurs. Parfois vous accrochez vos lèvres aux balcons; les toits vous les couvrez comme des bêtes, et vous miaulez au fond des cours intérieures. J'ai dormi dans vos pirogues : mon bras s'était déroulé, de petites fourmis fuyaient sur la terre. Les fleurs se massaient sur le ciel. Le banc vert regrettait le Nil où sur un sol brûlant s'enfuyaient devant lui de grandes écharpes blanches. J'ai joué sur vos pelouses et mon pied dans vos allées a poussé mon cœur entre le ciel et l'enfer. Devant vos plates-bandes j'ai agité mon mouchoir comme un émigrant à bord. Et déjà le bateau s'éloigne. Aux agrès du jardin les désirs les plus simples, les douceurs du soir sèchent avec ma chemise. Le soleil par testament nous laisse un pot de géranium.

Les jardins, ce soir, dressent leurs grandes plantes brunes qui semblent au sein des villes des campements de nomades. Les uns chuchotent, d'autres fument leurs pipes en silence, d'autres ont de l'amour plein le cœur. Il y en a qui caressent de blanches murailles, il y en a qui s'accoudent à la niaiserie des barrières et des papillons de nuit volent dans leurs capucines. Il y a un jardin qui est un diseur de bonne aventure, un autre est marchand de tapis. Je connais leurs professions à tous : chanteur des rues, peseur d'or, voleur de prairies, seigneur pillard, pilote aux Sargasses, toi marin d'eau douce, toi avaleur de feu, et toi, toi, toi, colporteurs de baisers, tous charlatans et astrologues, les mains chargées de faux présents, images de la folie humaine, jardins de mousse et de mica. Ils reflètent fidèlement les vastes contrées sentimentales où se meuvent les rêves sauvages des citadins. Tout ce qui subsiste chez les adultes de l'atmosphère des forêts enchantées, tout ce qui participe encore en eux de l'habitude du miracle, tout ce qui respire dans leur souffle un parfum des contes de fées, sous la piètre apparence démente de ces paysages faiblement inventés se révèle et dénonce l'homme avec son trésor insensé de verroteries intellectuelles, ses superstitions, ses délires. Il s'accroupit ici au milieu de toutes les pierres rondes qu'il a pu trouver, et il les compte, et il rit : il est content. Il a mis aussi des boules de verre aux arbres, un peu d'eau dans le creux d'un rocher. Que vont en dire les femelles ? Il ronge ses ongles, et il rit. Quand il fera la sieste dans un hamac, il essayera du même coup le sommeil de la mort et la paix du cimetière. Qu'un oiseau chante et voici qu'il a les larmes aux yeux. Il s'attendrit et se balance au milieu de cette figuration crétine du bonheur. Six-et-trois des vergers, double-blanc des terrasses, joue-t-il aux dominos ou se conforme-t-il à une liturgie primitive ? Il rit tout doucement à côté ces fuchsias.

Le Paysan de Paris
© Éditions Gallimard, 1926

Dès son arrivée au pouvoir, Napoléon III, qui avait contracté la passion des jardins lors de son exil à Londres, voulut, selon le témoignage d'Haussmann : « offrir avec largesse des lieux de délassement et de récréation à toutes les familles, à tous les enfants, riches ou pauvres. » À Paris, il fit aménager en promenades publiques les bois de Boulogne et de Vincennes, créer trois grands parcs : Monceau, les Buttes-Chaumont et

Montsouris, ainsi qu'une vingtaine de squares et jardins. Les principaux artisans de cette politique sans précédent de création de jardins publics furent l'ingénieur Alphand, l'architecte Davioud et l'horticulteur Barillet-Deschamps, auxquels s'adjoindra pour le parc des Buttes-Chaumont, le paysagiste Édouard André. Situé à l'emplacement d'une ancienne carrière de calcaire à ciel ouvert, le parc des Buttes-Chaumont couvrait et couvre toujours une superficie de 25 hectares. À son achèvement, en 1869, les Parisiens découvrirent à travers un relief spectaculairement accidenté, entre falaises et ravins, un lac romantique de deux hectares dominé par un énorme rocher de plus de trente mètres de haut, au sommet duquel se dressait une rotonde en pierre, reconstitution du temple de la Sibylle à Tivoli. Une grotte, une cascade, une rivière, deux ponts, dont le célèbre « pont des Suicidés », complétèrent ce décor théâtral, qui devait faire dire à Aragon, quelques décennies après, que les Buttes-Chaumont était le plus surréaliste des parcs !

MARGUERITE DURAS

Éden Vitry

Marguerite Duras pensait que le paradis existe, même dans les endroits les plus déshérités de la banlieue : pour Ernesto, le héros de La pluie d'été, *il se situe dans un terrain plus ou moins vague de Vitry. Aîné de six enfants, de pauvres parents immigrés et chômeurs, Ernesto, analphabète et néanmoins génial – il refuse d'aller à l'école car on ne lui apprend que ce qu'il ne connaît pas –, y vivra un amour incestueux avec sa sœur Jeanne, jusqu'à la fin de l'enfance, qui les séparera.*

Dans les jours qui avaient suivi la découverte du livre brûlé Ernesto était entré dans une phase de silence. Il était resté des après-midi entiers dans l'appentis, enfermé avec le livre brûlé.

Puis brusquement Ernesto avait dû se souvenir de l'arbre.

Il s'agissait d'un jardin qui se trouvait à l'angle de la rue Berlioz et d'une rue presque toujours déserte, la rue Camélinat, qui descendait en pente très raide jusqu'à la fosse de l'autoroute et le Port-à-l'Anglais de Vitry. Ce jardin était entouré d'une clôture grillagée étayée par des piquets de fer, tout ça très bien fait, aussi bien fait qu'on avait fait autour des autres jardins de la rue qui étaient à peu près de la même superficie que celui-ci et de la même forme.

Mais dans ce jardin-là il n'y avait aucune diversité, aucune plate-bande, aucune fleur, aucune plante, aucun massif. Il y avait seulement un arbre. Un seul. Le jardin c'était ça, cet arbre.

Les enfants n'avaient jamais vu d'autres arbres de cette espèce. À Vitry c'était le seul et peut-être même en France. Il aurait pu paraître ordinaire, on aurait pu ne pas le remarquer. Mais une fois qu'on l'avait vu il ne pouvait plus sortir de l'esprit. Sa taille était moyenne. Son tronc, aussi droit qu'un trait sur une page nue. Son feuillage en dôme aussi dense et beau qu'une belle chevelure au sortir de l'eau. Mais sous ce feuillage le jardin était un désert. Rien n'y poussait faute de lumière.

Cet arbre était sans âge, indifférent aux saisons, aux latitudes, dans une solitude sans recours. Sans doute n'était-il plus nommé dans les livres de ce pays ici. Peut-être ne l'était-il plus nulle part.

Plusieurs jours après la découverte du livre, Ernesto était allé voir l'arbre et il était resté auprès de lui, assis sur le talus opposé au grillage qui l'entourait. Ensuite, chaque jour il y était allé. Quelquefois il y restait longtemps, mais de même toujours seul. Il ne parlait jamais à personne, sauf à Jeanne, de ses visites à l'arbre. C'était le seul lieu, curieusement, où les brothers et les sisters ne venaient pas retrouver Ernesto.

L'arbre, après le livre brûlé, c'était peut-être ce qui avait commencé à le rendre fou. C'est ce que pensaient les brothers et les sisters. Mais fou comment, ils pensaient que jamais ils ne le sauraient.

Un soir, les brothers et les sisters avaient demandé à Jeanne ce qu'elle en pensait, si elle avait une idée. Elle, elle pensait qu'Ernesto avait dû être frappé par la solitude de l'arbre et par celle du livre. Elle, elle croyait qu'Ernesto avait dû rassembler le martyre du livre et celui de la solitude de l'arbre dans une même destinée. Ernesto lui avait dit que c'était lorsqu'il avait découvert le livre brûlé qu'il s'était souvenu de l'arbre enfermé. Il avait pensé aux deux choses ensemble, à comment faire leur sort se toucher, se fondre et s'emmêler dans sa tête et dans son corps à lui, Ernesto, jusqu'à celui-ci aborder dans l'inconnu du tout de la vie.

Jeanne avait ajouté : Et à moi aussi il avait pensé Ernesto.

Mais les brothers et les sisters n'avaient rien compris à ce qu'avait dit Jeanne et ils s'étaient endormis. Jeanne ne s'en était pas aperçue et elle avait continué à parler de l'arbre et d'Ernesto.

Pour elle, Jeanne, depuis qu'Ernesto lui avait parlé de cette façon, le livre brûlé et l'arbre étaient devenus des choses d'Ernesto, qu'Ernesto avait trouvées, qu'il avait touchées avec ses mains, ses yeux, sa pensée et qui lui avaient été offertes à elle par Ernesto.

La pluie d'été
© P.O.L. Éditeur, 1990

Le Square (1955), *Le Boa* (1954) – qui se déroule essentiellement dans un jardin zoologique indochinois, *Des journées entières dans les arbres* (1976), autant d'exemples, parmi tant d'autres, qui témoignent de la récurrence du thème du jardin dans l'œuvre de Marguerite Duras. Une évocation plus symbolique que réelle. Le plus souvent liée à l'enfance, et à une certaine perte d'innocence : le temps d'avant l'écriture. Dans *le Boa,* roman peu connu de l'auteur de *L'Amant,* Marguerite Duras évoque la fascination qui la menait tous les dimanches, entre sa treizième et sa quinzième année, voir la mise à mort d'une poule blanche avalée toute crue par un énorme serpent ! Rituel sanglant qu'elle associe à la perte prochaine, et plutôt impatiemment attendue, de sa virginité.

CLAUDE SIMON

Jardin d'images

Prix Nobel de littérature en 1985, mort en 2005 à l'âge de 91 ans, Claude Simon habitait sur la place Monge, à Paris, à deux pas du Jardin des Plantes. Jardin qui donne son titre à l'un de ses derniers livres, constitué d'une succession de fragments de mémoire : ses choses vues et vécues. Si la construction, comme toujours chez Claude Simon, demeure complexe, le style est porté, ici, à sa plus parfaite limpidité.

Dans un multiple battement d'ailes une nuée de pigeons s'abat aux pieds d'un homme assis sur un banc et qui leur jette les miettes du sandwich qu'il est en train de manger. Solitaires ou par couples des hommes et des femmes d'âge moyen pour la plupart proprement vêtus assis çà et là sur les bancs mangent aussi des sandwiches ou parfois des choses contenues dans des barquettes de carton où ils puisent à l'aide de petites fourchettes en matière plastique. Ils ont des gestes furtifs, un peu honteux, évitant les regards des promeneurs. Quand ils ont fini, ils se lèvent, roulent en boule les papiers graisseux dont ils ont sorti leur nourriture et vont les jeter dans les corbeilles de fer disposées à cet effet. Même l'hiver, lorsque le froid est assez cruel ou lorsqu'il bruine légèrement, ils sont là chaque jour, sauf le samedi et le dimanche. Parfois, sur certains bancs, sont allongés des clochards qui dorment, immobiles, insensibles au soleil qui enflamme leur visage. Ailleurs, dans diverses positions, des jeunes gens s'embrassent et se caressent. Ils sont indifférents aux passants comme aux coureurs qui, solitaires ou en groupes, parcourent par intervalles les allées, moulés dans des collants multicolores : cerise, noirs, azur ou décorés de motifs géométriques jaunes et rouges. Les filles courent en général seules, poussant leurs hanches en rotations maladroites, leurs seins ballottant sous les légers chandails. Quelques Noirs ou métis, solitaires aussi, passent rapidement, frôlant à peine le sol, élancés et silencieux. Ils croisent ou dépassent des couples aux visages, aux vêtements et aux corps fatigués qui promènent des bébés dans des poussettes ou des enfants plus âgés montés sur des tricycles ou courant à la poursuite des pigeons. Accrochés aux grilles qui entourent la fosse aux ours, les promeneurs, les amoureux ou les enfants regardent les énormes bêtes se mouvoir dans leur prison pavée où un tronc d'arbre écorcé s'élève auprès d'un bassin rempli d'une eau sale et jaune. Soit qu'ils se dressent, le museau levé, dans l'attente de quelque friandise, soit qu'ils jouent parfois entre eux, leurs mouvements souples contrastent avec leur masse volumineuse, comme si les corps d'une formidable musculature étaient indépendants de ces épaisses fourrures qui semblent flotter sur eux comme un vêtement trop large. De quelque cage à l'intérieur du Jardin zoologique, un invisible oiseau exotique lance à intervalles réguliers un long cri discordant qui monte par degrés, s'étire et retombe en cascade, comme un ricanement, à la fois effrayant et sarcastique. Les pigeons qui piètent à la recherche des miettes que leur jettent les gens lancent à chaque pas leur tête en avant comme un balancier. Leurs pattes annelées sont d'un rose corail, grisé par la poussière. Des reflets cuivrés, lilas, jouent sur leurs poitrines. Dans les bâtiments du Muséum sont exposés les squelettes d'animaux géants, tels que des baleines ou des monstres préhistoriques, des cristaux, géants eux aussi, et des collections de minéraux : porphyre, basalte, cornaline, obsidienne, onyx. Le Jardin zoologique abrite des loups, des biches, des bisons, des gazelles, des grands-ducs, des singes, des oiseaux rares, et dans un pavillon où règne une odeur fétide des caïmans, des tortues de mer, des boas et des pythons dont les écailles brunes et couleur de sable dessinent des motifs géométriques. Réfugié dans le coin opposé de la cage de verre où est lovée dans une immobilité de pierre la vipère à cornes, un petit lapin est agité d'un tremblement continu. Deux statues grandeur nature, celles de Buffon et de Lamarck, s'élèvent à chaque extrémité du jardin à la française aux pelouses et aux plates-bandes rectangulaires encadrées par les longues murailles rectilignes des platanes taillés chaque année au cordeau et les rues adjacentes portent les noms de célèbres naturalistes : Linné, Cuvier, Geoffroy-Saint-Hilaire, Jussieu, Lacépède. L'allée Cuvier, d'environ quatre cents mètres de long, est bordée de marronniers dont les feuillages commencent très tôt à roussir. Tout au fond les groupes de coureurs apparaissent d'abord comme des taches claires et sautillantes. À mesure qu'ils se rapprochent on distingue les couleurs des maillots qui les moulent. Les pastilles de soleil criblées par les feuillages glissent sur eux. On entend à peine leurs souffles lorsqu'ils passent en longues foulées, faisant s'envoler les pigeons qui aussitôt après reviennent se poser. De nouveau, jaillissant des épaisses et vertes frondaisons des acacias, des peupliers, des frênes, des platanes et des hêtres l'oiseau lance son ricanement strident, moqueur et catastrophique qui monte par degrés, se déploie et retombe en cascade.

Le Jardin des Plantes
© Éditions de Minuit, 1997

Guy de La Brosse, médecin ordinaire de Louis XIII, acquit en 1633 un vaste terrain situé au sud de l'abbaye Saint-Victor pour y établir un jardin où l'on cultiverait « toutes sortes d'herbes médicinales ». De cette propriété royale, dont il fut nommé intendant en 1635, il en fit une école de botanique et d'histoire naturelle. À l'origine, le jardin occupait le quart de sa superficie actuelle (24 hectares). Par la suite, les plus grands botanistes et savants – Robin, Buffon, Jussieu, Cuvier, Geoffroy-Saint-Hilaire – poursuivirent son œuvre, agrandissant le jardin et l'enrichissant inlassablement d'espèces végétales, parmi les plus rares, de même que les multiples collections minérales et animales du Muséum. Aujourd'hui, le modeste jardin « d'herbes médicinales » est devenu en quatre siècles un haut lieu des sciences naturelles. Avec ses laboratoires de recherche, ses vingt-cinq chaires d'enseignement et ses collections réputées dans le monde entier, c'est, incontestablement, le plus didactique de nos jardins !

RENAUD CAMUS

L'ensemencement des plates-bandes

Entre le début du mois de mars et la fin du mois d'août 1978, l'écrivain Renaud Camus, né en 1946, a rencontré dans les bars, saunas et jardins publics de Paris, mais aussi en province et à l'étranger, pas moins de 45 partenaires sexuels éphémères : ce que l'auteur désigne par le mot anglais « Tricks ». L'ébat torride pratiqué avec chacun d'entre eux, généralement poilu et moustachu selon les goûts du narrateur, a fait l'objet d'une chronique détaillée. Ces relations, publiées à l'époque avec une préface de Roland Barthes (« la littérature est là pour donner un supplément de jouissance, non de décence »), sorte de manifeste de la contre-culture homosexuelle, ont été traduites en plusieurs langues et constamment rééditées.

V. Daniel au Casque,
vendredi 17 mars 1978.

Je suis entré, vers deux heures et quart du matin (le 18), dans le square Jean-XXIII, derrière Notre-Dame, en enjambant le grillage. Marchant dans la direction du fleuve, j'avais donc à ma droite les buissons qui sont contre la grille du jardin privé de la cure, et à ma gauche les plates-bandes, les pelouses et la fontaine. De ce côté gauche se tenaient debout, les jambes écartées, deux hommes en tenue de motocyclistes, leur casque à la main. L'un avait une barbe, l'autre les cheveux très courts et une moustache : celui-ci m'a suivi des yeux, comme je passais devant eux, et je lui ai rendu son regard. Arrivé presque à la remise du jardinier, je suis entré parmi les buissons. Il y avait là deux types, dont ni l'un ni l'autre ne m'intéressait. À travers les branchages, je surveillais les deux motocyclistes. Ils n'avaient pas bougé, et ne me semblaient plus faire attention à moi. Je suis donc ressorti d'entre les feuillages. Mais aussitôt celui des hommes au casque qui plus tôt m'avait regardé, et qui me plaisait, est venu vers eux, et précisément vers le passage dont j'occupais le débouché. Il m'a frôlé, dépassé, et je l'ai presque immédiatement suivi. Il s'est dirigé, entre les arbustes, vers la barrière de bois qui délimite l'enclos du jardinier. Je me suis approché de lui. Il se tenait les jambes écartées, son casque à la main, au pied d'un grand arbre.

[...]

L'homme au casque et moi nous sommes regardés en soupirant, et je lui ai demandé s'il voulait aller ailleurs. Il a répondu que oui, en tendant le bras vers l'enclos du jardinier.

[...]

Nous avons plus ou moins réajusté nos vêtements.

[...]

Je l'ai suivi. En fait, ce n'était pas vers la remise qu'il avait l'intention de m'entraîner, mais plus loin, en faisant le tour. Nous sommes donc ressortis dans les allées, et nous avons gagné la partie des jardins qui est en retour d'équerre, entre la cathédrale et le fleuve. Il marchait le long du grillage de la cure, et il s'est arrêté à peu près au milieu, en un point très éclairé.

– Ici ?
– Oui, il y a beaucoup de lumière, mais on ne peut rien voir.

Il a entrepris de me déshabiller de nouveau, et il a sorti mon sexe de mon pantalon. J'avais en chemin enlevé mon pull-over, dont j'avais noué les manches autour du col de mon blouson, et que j'ai posé sur le grillage d'une plate-bande. Nous nous sommes encore réciproquement sucés. Je lui caressais les muscles du ventre et de la poitrine, qui étaient exceptionnellement développés, et durs comme des enclumes. Puis il s'est mis sur ma droite, son sexe contre ma hanche, un bras sur mes épaules, et de la main droite me branlant. Quand il a senti que j'étais sur le point de jouir, il s'est penché en avant et il a pris mon sexe dans sa bouche. Mais au dernier moment il s'est relevé, il s'est remis à me branler, et mon foutre est allé se perdre entre le lierre et le sable.

Tricks
© P.O.L. Éditeur, 1988

Les jardins publics, à la nuit venue, mais pas forcément, ont toujours été des lieux privilégiés de rencontre et de « consommation » homosexuelles. Non sans risques d'agression homophobe ou d'interpellation policière. Déjà, en 1725, la maréchaussée surprenait, aux Tuileries, le comte de Tournelle : « contre un arbre avec un particulier, le violentant, lui déchirant même sa culotte pour lui faire des attouchements infâmes. » Dès cette époque, les rapports s'inquiétaient également de la profusion, dans les bosquets, de ce qu'il baptisait pudiquement les

« populations erratiques » ; où l'aristocrate, le bourgeois et le prolétaire pratiquaient allégrement la confusion des classes. Après que la Révolution eut transféré à la Nation les anciens parcs et palais royaux, le square Jean-XXIII, ex-square de l'Archevêché, aménagé au chevet de Notre-Dame, le long de la Seine, par le préfet Rambuteau en 1844, fut le premier jardin public venu enrichir le patrimoine végétal parisien, précédant de quelques années la vague de nouveaux parcs et squares haussmanniens voulus par Napoléon III.

« Le goût de… »

Le goût de l'Abyssinie
Le goût de l'Afghanistan
Le goût de l'Afrique
Le goût d'Alexandrie
Le goût d'Alger
Le goût d'Amsterdam
Le goût d'Antibes
Le goût d'Athènes
Le goût de l'Australie
Le goût de Bali
Le goût de Barcelone
Le goût de Belgrade
Le goût de Berlin
Le goût de Beyrouth
Le goût de la Birmanie
Le goût de Bordeaux
Le goût du Brésil
Le goût de la Bretagne
Le goût de Bruxelles
Le goût de Bucarest
Le goût de Budapest
Le goût de Buenos Aires
Le goût du Cambodge
Le goût du Canada
Le goût de Cannes
Le goût des cités impériales du Maroc
Le goût de Capri et autres îles italiennes
Le goût de Chicago
Le goût de la Chine
Le goût de la Corse
Le goût de la Crète
Le goût de la Croatie
Le goût de Cuba
Le goût de Deauville
Le goût de Dublin
Le goût de l'Égypte
Le goût de l'Engadine
Le goût de Florence
Le goût de Genève
Le goût de la Grande-Bretagne
Le goût du Grand Nord
Le goût de Grenade
Le goût de la Guadeloupe
Le goût de la Haute-Provence
Le goût du Havre
Le goût des îles Baléares
Le goût des îles grecques
Le goût de l'île Maurice
Le goût de l'Inde
Le goût des villes de l'Inde
Le goût d'Istanbul
Le goût de Jérusalem
Le goût de Kyoto
Le goût des lacs italiens
Le goût de Lille
Le goût de Lisbonne
Le goût de la Loire
Le goût de Londres
Le goût de Los Angeles
Le goût de Lourdes
Le goût de Lyon
Le goût de Madrid
Le goût de Marrakech
Le goût de Marseille
Le goût de la Martinique
Le goût de Mexico
Le goût du mont Blanc
Le goût de Montpellier
Le goût de Montréal
Le goût du Mont-Saint-Michel

Le goût de Moscou
Le goût de Nancy
Le goût de Nantes
Le goût de Naples
Le goût du Népal
Le goût de New York
Le goût de Nice
Le goût de la Normandie
Le goût d'Odessa
Le goût de l'Orient
Le goût de Palerme
Le goût de Paris
(3 volumes : 1. Le mythe ; 2. L'espace ; 3. Le temps)
Le goût du Paris insolite
Le goût du Pays basque
Le goût de la peinture
Le goût de Pékin
Le goût du Périgord
Le goût de Prague
Le goût de la Provence
Le goût du Rhin
Le goût de Rio
Le goût de Rome
Le goût de Saint-Jacques-de-Compostelle
Le goût de Saint-Pétersbourg
Le goût de Salzbourg
Le goût de San Francisco
Le goût du Sénégal
Le goût de Séville
Le goût de Shanghai
Le goût de la Sicile
Le goût de Strasbourg
Le goût de la Suisse
Le goût de Tahiti
Le goût de Tanger
Le goût de la Thaïlande
Le goût du Tibet
Le goût de Tokyo
Le goût de Toulouse
Le goût de Tours
Le goût de Trieste
Le goût de Tunis
Le goût de Turin
Le goût de la Turquie
Le goût de Venise
Le goût de Versailles
Le goût du Vietnam
Le goût de Vienne

Le chant des villes
Le (dé)goût de la laideur
Le goût de l'amitié
Le goût de l'amour
Le goût de l'architecture
Le goût de l'argent
Le goût du baiser
Le goût du bleu
Le goût du bonheur
Le goût de la boxe
Le goût de la campagne
Le goût du café
Le goût du champagne
Le goût de la chanson
Le goût des chats
Le goût du cheval
Le goût des chiens
Le goût du chocolat
Le goût du ciel
Le goût du cinéma
Le goût de courir
Le goût de la danse
Le goût des déserts
Le goût des desserts

Réalisation Pao : Dominique Guillaumin

Achevé d'imprimer
sur les presses de la Nouvelle Imprimerie Laballery
en mars 2015.
Imprimé en France.

Dépôt légal : mars 2015
1er dépôt légal : mai 2006
N° d'imprimeur : 501109

283339